文
景

Horizon

社 科 新 知　文 艺 新 潮

SNIGDHA POONAM

印度青年狂想曲

DREAMERS

HOW YOUNG INDIANS ARE CHANGING THE WORLD

［印度］司妮达·普拉姆——著 ｜ 于果果——译

上海人民出版社

献给我的父母

目 录

第一部分 "没有B计划" ······················· 1

1　标题党 ··· 3
2　英语男 ··· 47
3　疏通者 ··· 99

第二部分 "我已做好准备，迎接战斗" ····· 135

4　男愤青 ··· 144
5　女愤青 ··· 186

第三部分 "一切表象都是假象" ………… **231**

6　明星 ……………………………… 236

7　骗子 ……………………………… 275

后　记 ……………………………… 301

致　谢 ……………………………… 311

译名对照表 ………………………… 313

PART

I

第一部分

"没有 B 计划"

1
标题党

　　以下选题会场景可能来自印度100万个标题党创业公司中的任何一家:一群编辑围坐在桌前讨论接下来要将哪些新闻和八卦推给读者。整个过程迅速又残酷,选题讨论就好像在拍卖场上竞标一样:

　　为什么你的好朋友就是你的真爱,像米拉·库尼斯和阿什顿·库彻一样
　　关于阿曼达你需要知道的事——贾斯汀·比伯的新女友
　　如果你从一场车祸中幸存,你的脸会是什么样子
　　15条最搞笑的针对特朗普的恶评

　　从卡戴珊家族到啤酒肚,从性的坦白到生活小窍门,编辑

部只需要 15 分钟就能把所有美国人痴迷的话题过一遍。平均下来，他们每做一个决定只要 15 秒。可怜的阿曼达不由分说地被维多利亚·贝克汉姆挤掉了，后者刚刚为了回击一条育儿丑闻，在 Instagram（以下简称 Ins）上发布了一张她亲吻孩子的照片。编辑们选择了一个大胆的立场，说这位前"辣妹"没做错什么。或者，像之后发布出来的文章所说，"为什么嘴对嘴亲你的小孩不是件坏事"。一位涂着黑色眼影的年轻女编辑告诉整个编辑室，选择这个选题的理由是"亲小孩在美国正流行"。车祸选题被调整为，想象两辆车同时撞到一个人的脸上会发生什么。大家一致同意这个选题只做个视觉故事就可以了，因为很显然美国人就爱看事故惨剧。金·卡戴珊输给了凯莉·詹娜。又一个很拼的女孩子自告奋勇要做一个 DIY 实验，为了给"如何不动刀子就能获得凯莉·詹娜的嘴唇"这个选题贡献实战经验。（很显然，"凯莉·詹娜嘴唇挑战"也很火。）最后一个选题没有变化——唐纳德·特朗普，永远有流量。选题的通过靠的不是他们的新闻价值，而是他们能否激发人们本能的情绪。15 分钟里，这 10 个年轻人探索了所有能触动美国人情绪的开关：让美国人激动的、害怕的、伤心的、好奇的——一切。

这场选题会并非发生在美国，而是在印多尔，一个位于印度中部的中等规模城市。这场会议的与会者都不足 23 岁，他们此刻正坐在一个购物中心的全玻璃办公室里。他们正在决定的是，几个小时后美国人起床的时候将读到什么。

他们很少判断失误，至少从数据上来看是如此。每天有上百万人会点击他们的网站——WittyFeed。其中80%是外国人，而这其中又有一半是美国人。WittyFeed是全球发展最快的内容工厂之一，单在Facebook上就有超过10亿的关注。此类网站中，唯一比它拥有更多点击量的就是全球内容流量引领者，BuzzFeed。现今估值只有3000万美元的WittyFeed给自己定下目标，要在几年内赶超BuzzFeed。但这并非他们的最终目标，这群年轻无畏的创业者想要把它建成世界上最大的传媒公司（"比BBC、CNN还要大"）。他们打算怎么做到这一点呢？遵循他们的座右铭——想刷屏，靠感情（It's emotion that goes viral）。

即便是在印度，也并没有多少人听说过WittyFeed。我到这里来是因为我发现它的数据很惊人：月点击量8200万，浏览量15亿，用户1.7亿，Facebook上有420万个赞。[1] 如果以他们自己的新闻

---

[1] https://factordaily.com/wittyfeed-viral-content/
http://www.forbesindia.com/article/startups/wittyfeed-the-content-churner/48371/1
https://economictimes.indiatimes.com/small-biz/startups/wittyfeed-surpasses-twitter-and-instagram-becomes-20th-most-visited-website-in-india/articleshow/57292656.cms

评判标准——奇葩程度——来看，WittyFeed确实是做新闻的。一群根本没有见过世界的印度小镇青年，就因为自己互联网玩得比别人溜，就敢梦想统治世界？

2016年5月，我来到印多尔，想要亲自看看WittyFeed到底能不能成为世界上最大的传媒公司。不管我能否得到答案，至少可以认识一群整天活在线上的印度人。从德里飞过来，印多尔的各个方面都显得很小镇：路很窄，楼也很矮，一家条件一般的酒店每晚的价格都很便宜。然而，这座小镇的雄心壮志却随处可见——有很多牛经过的路边开着很酷的咖啡馆，广告牌上宣传的是摇滚音乐会，年轻人都穿着随时可以拍Ins风照片的衣服在街上溜达。

印多尔新兴的事业野心，在WittyFeed位于全镇最高办公楼9层的那个900多平方米的办公室里达到了高峰。办公室被装修成令人惊讶的硅谷风格。墙是一块巨大的画布，上面画满了表达公司内核的一切图像，既有详细的图解展现WittyFeed发展历程，也有他们最喜欢的社交媒体——Facebook、Twitter、Instagram、Google和Snapchat——的标志，还有写着初创公司"准则"（创造、疯狂、勇气等）的拼贴画。这些五彩斑斓的墙围着的开放式办公室像一扇窗口，展现了这个公司充满希望的、全球化的灵魂：裸露的墙砖、浓缩咖啡机、懒人沙发、乒乓球台、供员工放松的角落，以及健身房。办公室设计成这样的效果是，只要员工的眼睛不在小小的电脑屏幕上，就一定会看到一些励志的东西，既而志向无限远大，想法无限接近美国思维。这些东西可以是明星的大头照——玛丽莲·梦露或者麦当娜，也可以是鸡汤格言——"99.9%不等于100%"或者"制定目标—达成—重来一次"，还可以是WittyFeed心目中最有感染力的三位美国人——亚伯拉罕·林肯、史蒂夫·乔布斯和埃隆·马斯克。在这个充满了励志鸡汤的环境里，一旦有人产生自我怀疑，他需要做的就是站在CEO的办公室门外，看看巨大的阿拉丁画像说着那句激励全印度无数梦想的鸡汤："世界就是一个精灵，它会告诉你'你的愿望就是我的使命'。"CEO（首席执行官）的办公室有个名字：临冬城。卫生间也有名字：男卫生间叫"卡奥"，女卫生间叫"卡丽熙"。和《权力的游戏》里那个血腥的中世纪世界一样，WittyFeed的世界里也充斥着对于权力和他人领土的渴望与垂涎。

二十几名员工一起住在几个大的平房里，他们被要求视对方为自己的兄弟姐妹，如果洗发水或者牙膏用完了就找CCO（首席内容官）要。想要进入WittyFeed的世界，他们必须将过去留在门外。这看起来就像是一个由"00后"组织的针对"00后"的"邪教"：你的过去越少，进入这个世界的可能性就越大。每个想要在 WittyFeed 工作的人都会被清楚地告知这个要求。这必须是他们的第一份工作，而且他们必须对这份工作足够渴望。这个公司甚至更想要没什么工作经验，也没接受过什么教育的人。在他们的面试中——最长的可能要一天——最重要的是回答一个检验他们是否适合这份工作的重要问题：你是谁？回答的形式可以是一段独白，也可以是在房间里跳一段热舞；后者可能得分更高。

对于大多数参加面试的印度年轻人来说，这是他们第一次被问到这个问题。印度的年轻人并不被鼓励问"你是谁？"这种问题，在一个你是谁——种姓、阶层、地区、信仰——从出生前很久就被决定了的社会里，"觉醒"是一件奢侈品。这也是这一代印度人和他们之前的大多数世代决定性的不同。

应聘者把自己置于这种存在主义的审问中，是因为他们迫切地需要一份工作，而这是他们唯一的机会。我在印多尔最先见到的三个 WittyFeed 员工中，有两个都在不久前失去了父亲，挑起了负担整个家庭的重任。适应 WittyFeed 的世界被大多数员工形容为一种奇怪但改变命运的体验。从对于世界一无所知，到决定世界应该知道什么，达到这样的转变只需要在公司待一周。但这绝非易事。如果你是一个从来没约会过的 18 岁印多尔女孩，你不可能一觉醒来就写出一篇治疗美国人失恋痛苦的良方。你得从学习如何像目标读者一样思考开始：有美国小孩想要找"一个像钢铁侠的贾维斯那样的AI管家"，有嬉皮士想要找一个可以给美国政客找麻烦的App，还有Tinder用户想要掌握"面包渣"[1]艺术。慢慢你就进入状态了——或者状态就浸入你了。你脑海中的每一个想法都是一个潜在热点的灵感，它从你眼前一闪而过的时候，你就应该立刻计算出大概有多少人会点进去看。如果你精于此道，有些灵感会直接带着缩略图闪现在你眼前。有时候你觉得你可能已经疯了，但是你环视四周，发现大家彼此彼此。

"有一天帕尔文哥[2]坐飞机回印多尔。他在上厕所的时候脑海中忽然蹦出一个想法：飞机上的屎去哪了呢？他一回来就把这个点子分享给我们，当天我们就发了一篇与此相关的文章。结果大受欢迎，获得了31.5万的阅读量，后来这个想法在整个内容产业里被效仿。"拉瓦尼亚·斯里瓦斯塔瓦在带我参观办公室的时候告诉我。当时刚开完选题会，每个人都已在做该做的工作了。"内容部"有人实时监控赛琳娜·戈麦斯Ins上的动态，"技术部"有人在写

---

[1] Bread-crumbing，指有挑逗意味但不给出承诺的信息。——译者
[2] 他们的CCO，帕尔文（Parveen）是名字，哥（bhaiyya）是敬称。——编者

一个破解 Facebook 读者限制的程序，"交互部"则有人在更新接下来两个小时可能火起来的话题清单。办公室的每个角落，都有一个显示网站上每秒读者人数的屏幕。"现在有 9000 人"，斯里瓦斯塔瓦用肩膀指了一下屏幕的方向。

斯里瓦斯塔瓦看起来比实际还要年轻：她胖乎乎的，一头卷发，眼睛闪闪发光。她在两年前加入 WittyFeed，那时才 20 岁。"他们并没有问我之前做过什么，而是让我唱歌。在一群陌生人面前唱歌并不容易，但当时我还是硬着头皮唱了。"她需要这份工作。"我父亲去世的时候，妈妈已经上了年纪，很难再出去工作了，我下面还有个妹妹。当时我正在我家所在的城市上大学，就在古吉拉特邦，但我已经开始找工作了。有一天我听说印多尔有一个创业公司在招人。"斯里瓦斯塔瓦现在是 WittyFeed 的内容总监，她的写作生涯是从一条情感建议开始的。"开始我不知道说什么，你不可能提笔就写这种东西。因为你必须很真诚，所以我开始挖掘自己的内心，并大量阅读。写这种文章非常重要的一点就是感情投入。随着时间积累，我们找到了自己的风格。现在我们知道如何写大起大落的故事了，比如说有人带着伤痕坚强地生活这种。我们想要获得的女性目标读者就很容易被这种故事打动。"

过去两年中，她也帮忙开创了 WittyFeed 的另外几个栏目：

猫、胡子、OMG（我的天哪）。她的"OMG"嗅觉很少失灵：那个飞机屎的故事就被她放在了这个栏目里。由 WittyFeed 的常驻"排泄专家"撰写的文章"你的便便在飞机厕所中的经历会让你惊掉下巴"很快就获得了 50 万阅读量。文章的缩略图是马桶前的两条腿，红色的内裤脱到了膝盖的位置。她的第一篇爆款——标题为"仔细看过这张图后，男人和老婆离婚了"的图集——讲的是丈夫回到家后发现一个男人藏在他老婆的床底下的故事，至今阅读量超过 300 万。[1] 她的第二篇爆款讲的是道恩·强森和泰勒·斯威夫特的对口型之战。"连《星际迷航》的乔治·武井都转发了。我们的网站上瞬间出现了 5 万人，我简直欣喜若狂。人们不停点赞、转发、评论。我就是在那一刻知道，我肯定做对了什么。"她所相信的转发的力量被证实后，斯里瓦斯塔瓦立刻全身心投入到 WittyFeed 的生活中。她的妈妈和妹妹也搬到印多尔和她一起租房住，她们也不再质疑她不寻常的生活方式了。"你在满足美国人的好奇心，所以凌晨 3 点钟总会有故事可以写。你不能等到早上 10 点到办公室才开始写，爆款不是这么做的。"

她说在这一行干得越久，就越能贴近她的读者们，虽然他们

---

[1] https://www.wittyfeed.com/story/7265/husband-divorced-his-wife-after-looking-closer-at-this-picture

身处两个完全不同的世界里。"我写了一篇教程教大家如何在花园里建一个游泳池。我们仍然保证标题很贴近大众——'他负担不起游泳池，但是他的这个做法绝了'。这条也转疯了。我们还有其他的绝招，比如一旦你告诉别人他们做错了什么事，他们的好奇心就会被立刻勾起。我写了一篇'你到现在还不知道，你刷牙的方法一直是错的！'，收获了200万的阅读量。在飞机便便的文章大获成功之后，我们开始做一系列'你想过吗'的选题。比如我们有个编辑就写了'你想过女宇航员在太空来大姨妈要怎么办吗？'。"

并非所有的文章都能达到百万级的阅读量，但是至少要达到最低标准10万阅读量，也因此很少有人能够在编辑部这个熔炉中活下来。"你肯定也有过那种时刻，就是你在刷Facebook的时候，会很随意地刷过很多链接，然后你突然刷到一条推送，引起了你的好奇心，让你不得不退回去把它点开——我们就在内容里下了这种钩子，逼你把它点开。"他们不放过任何一条流量相关的科学规律。"我们有一个系统专门追踪能出爆款的关键词——令人恐惧的、震惊的、鼓舞人心的。"

随着聊天渐渐深入，斯里瓦斯塔瓦的语气变得越来越权威。她外表看起来还像个中学生，但说起话来却像是硅谷的大佬。"通过5万个关联主页——美甲、情感、健康和生活方式主题的知名主页——我们总共控制了 100 万 Facebook 的浏览量。他们拥有至少 4 万关注者会分享我们发布的内容,我们则根据他们吸引了多少流量给他们分成。我们有 90% 的流量都来自 Facebook。通常情况下,印度和其他地区的点击量算作非优质点击,而美国、英国、加拿大、澳大利亚的点击算作优质点击。1000 个印度的点击量我给 1 美元,1 个美国的点击我就给 7 美元。"她用一种相似的办法给公司的写手们计算工资。"我们在全球有超过 150 位作者,他们来自菲律宾、中国和西班牙。"我们就坐在她长长的办公桌旁,这张桌子上还坐着内容组的其他 8 位同事。有些同事正在接触南美的自由撰稿人,他们可以为网站提供独家的西班牙语内容,"需求量简直爆棚。"

斯里瓦斯塔瓦现在不再是为养家糊口而工作了,她甚至不再把自己看作打工仔。"这里的所有人都是企业家,所有人都想做出一番成就。"她入睡之前想的最后一件事不是明天的工作,而是公司下一步应该拓展到哪个国际大都市去。"我们现在已经在新加坡建了一个分部,还想要在洛杉矶建一个。我们的主要读者在美国,所以我们为什么要缩手缩脚呢?"还没等我为她的野心鼓掌,她已经跑到前台去接待一名 19 岁的面试者了。几小时后,斯里瓦斯塔瓦告诉我她不喜欢这个大学生的态度。她说这个女孩子对工作没有足够的欲望。

这个选拔标准是CEO定的，他经常坐在临冬城的位子上评估整个办公室的欲望值。和《权力的游戏》中那个正直的公爵奈德·史塔克一样，他有信任的指挥官作为左膀右臂——CCO恰巧是他的亲弟弟，CTO（首席技术官）则是他大学最好的朋友。辛格尔的右手正打着石膏，他解释说，因为"对某件事情很生气就用手砸了墙"。

辛格尔似乎知道自己并不完全是个正常人。他倒是很感激自己的癫狂，正因如此他才能达到今天的成就。辛格尔在哈里亚纳邦的一个小村庄长大，父亲是个中间商，连接起农民和粮食市场。他16岁的时候第一次被自己的疯狂裹挟，疯狂地想赚钱，想赚很多很多钱。"我想成为世界上最有钱的人。从我的村子开始，然后是我的街道、我的区，再到整个邦、整个国家，最后是整个世界。"然而他并不知道人们是怎么变有钱的。村子里的大部分人每天就是围着那一亩三分地转悠，甚至没有人上过高中。辛格尔决定要成为一名软件工程师，全印度的年轻人似乎都走这条路发财致富。他搬到了德里，开始准备工程师学校的入学考试。

然后他又迎来了人生中的第二波疯狂。"在德里，我开始看报纸，看新闻频道，然后意识到管理我们国家的是一帮混蛋。我一直很爱国——我爱印度并愿意为它付出一切——但现在我发誓要把我的祖国夺回来。"2009年，国大党（印度国民大会党的简称）即将进入他们掌权的第二个任期，而全国觉醒的年轻人们正开展运动要求变革。2010年，辛格尔进入了泰米尔纳德邦的一个工程师学校攻读计算机工程学位。"我很想利用计算机做点事情，做些相关的生意，但是我知道我没有做程序员的天赋。"很快，他发现了互联网。不久之后，他发现了整个世界。"互联网是这个世界所发明的最强大的工具。我简直着了迷。"

辛格尔意识到他可以利用互联网一举两得——既能赚钱，又能改变国家现状。他已经有了一个团队，包括跟他上了同一所大学的弟弟，以及与他有共同追求的几名同学。"我们开始做两件事：一件是帮其他公司建网站的小生意，还有一件是创立'印度将被改变'（Badlega India）网站，上面发布我们认为年轻人应该了解的关于国家的信息，包括值得关注的新闻、名人，以及历史。""印度将被改变"是辛格尔心中印度应该成为的样子，然而支持这个愿景的是完全虚构的事实（如印度自独立以来因腐败已经损失7300万亿卢比[1]，这些钱足够建成140万间低价住房），以及极端的解决办

---

[1] 10卢比现约合1元人民币。——编者

法（如公共服务部是否应该出台一个"公民宪章"？根据宪章规定，完不成工作就要受到重罚）。[1]"那时我的爱国之情达到了巅峰，我完全被愤怒遮住了双眼。我们因为缺乏认识选了一群傻瓜来管理国家，他们制定了错误的法律，一个伟大的国家就这么被毁了。"除了发表文章，呼吁"青年革命"，他还组织集会和烛光游行，为的都是相同的目的。

然而，不管是他的生意还是激进的行动，最终都没能结出果实，但他的团队却意外发现了一座金矿。2011年末，辛格尔17岁的弟弟帕尔文建立了一个Facebook主页发布"印度奇观"。"那时候我刚刚发现互联网这东西，完全被它所提供的可能性震惊了。"如今22岁的网络老手帕尔文说道，"我花了几个月的时间看遍YouTube上所有能看的电影，简直太爽了。然后我发现了Facebook。我注册，建立档案，开始结交朋友，和他们聊天。对我来说这太有趣了。然后我发现你可以建立一个主页，在上面发布任何你想和世界分享的东西。"这个主页叫作"世界奇观"，但他上传的全都是印度历史遗迹的照片，比如德里的阿克萨达姆神庙和莲花寺。不到一个月，就有几千人给这个主页点赞。[2]"人们的

---

[1] http://www.badlegaindia.org/
[2] https://www.facebook.com/AmazingThingsInTheWorld/

兴趣在慢慢增加。然后我们就想，为什么只放建筑或者只放印度的东西呢？我们每天的生活中都会发现很多有趣的事物——人、地方、冒险、科技。很快，主页上有将近一半的点赞来自美国、英国、澳大利亚、加拿大。不到一年主页就收获了100万个赞，这对我们来说成了一个转折点。现在这个主页已经获得了420万个赞，我们能走到今天这一步，都是从这个小小的主页开始的。"

辛格尔发现内容市场后不久，他们就有了一个新的想法，要建一个网站发布那些让人们忍不住要点开的内容——有人给这种爆款内容取名为"大脑的垃圾食品"。兄弟俩把父亲在粮食市场的那一套搬到了内容行业：早早到达，拼命叫卖。他们既不在乎语言——离开村子之前他们都没接触过英语——也不在乎他们在WittyFeed上的故事传达了什么样的中心思想。他们只关心这些内容能否直击读者的心灵，不管是色情的表白还是养娃的灾难。维内·辛格尔向我传授了他的后真相世界——在标题党的行业里，掌握事实不重要，掌握人心才重要，"爆款在我心"。他至少打通了通向梦想之一的大道：赚大钱。

2014年，辛格尔搬到了印多尔，这是他们第三个合伙人的老家。这个城市足够大，能容得下很多野心勃勃的求职者；它也足够小，让他们不至于因为选择太多无从下手。这些年轻人把他们的家庭资源集中到一起，在商场里租下一间办公室，雇用了一群低学历、没经验的年轻人，开始大量炮制清单式文章："7条讨男友欢心的秘诀""14个饥渴女孩坦白的秘密"" 10张凯蒂·佩里最奇怪的脸"。在斯里瓦斯塔瓦加入公司几个月后，WittyFeed达成了百万里程碑。辛格尔在印多尔买下了他们的第一幢小房子，并把他在哈里亚纳邦老家的父母接了过来。

他们的爸爸现在每天在一家时髦的商场里照看一间本地最潮的服装店。"我们给他开了这家店，每款衣服都只有一件。如果你从这里买了一条裙子，我们可以保证在整个市里绝对找不到第二件。"对兄弟俩来说，这个商业模式又是一大成功，但他们的爸爸还在适应从卖粮食到卖短款上衣的巨大转变。"他有点提不起精神，有点郁闷。来这家店的只有女大学生，她们都和他说英文。现在最火的那些短款、破洞的衣服他也看不惯。他之前在村子里可是干活的主力，如今到了45岁却无事可做。"那天晚上，我去店里看了一眼。老辛格尔被一摞摞新到的吊带连衣裙和破洞牛仔裤围着，看起来很无聊。我问他对新生活还满意吗，他含糊地点了点头。我买了一条长裙，希望让他对这个世界少点失望。

老爸仍然用村里的标准评判一切，但儿子们也是如此。帕尔文·辛格尔把自己称作一个来自哈里亚纳邦村庄里的朴实小伙，虽然这个从小村子来的朴实小伙会给胡子加上"#",还会精心打理他的小辫子。他哥哥也是半句不离村子——"我是我们村里走出来的最成功的人。我最自豪的一刻就是去年我80岁的爷爷来到印多尔,他看到我的新办公室说,'我的天,这简直和村里的市集（*mandi*）一样大。'"不久后,维内·辛格尔娶了他同村的女朋友,他说这是他人生中最大的冒险。当时他组建了一个公司,想要证明印度可以领导世界,还策划了如何把未婚妻从家庭的桎梏中解救出来,带她逃离因为爱上一个其他种姓的人要遭受的惩罚。

带老婆私奔并把她带到印多尔之后,辛格尔让她在WittyFeed当高级编辑,现在负责拓展网站的西班牙语内容。这个23岁的女孩子是整个办公室里除了她丈夫之外所有人的"嫂子"。她不但要管WittyFeed的内容,还要负责80个被她丈夫看作自己"孩子"的年轻人的身心健康。她穿着一身新娘的装束,大红色的纱丽长衫和配套的手镯,在办公室里到处送祝福。

嫂子是WittyFeed每个人口中"WittyFeed文化"的最新施行者,这是硅谷文化和印度村镇文化的混合体。在WittyFeed,一天从诵唱印度教音节"Om"开始,以舞会为结束;每次庆祝都在Facebook上直播,每个矛盾都通过村委会解决;恋爱被鼓励,情绪被煽动。辛格尔一家认为,他们比美国的初创公司有一点优势,那就是他们把自己的公司变成了一个巨大的家庭。他们对手公司的那些"00后"也许会把个人利益放在公司利益之上,但是他手下的80个年轻人把他看作自己的大哥,并且唯命是从。"如果你遵从印度的价值观,你就能赢得与西方的任何比拼。印度人不比任何人低等,我们只会比他们更好,因为我们有家庭观念。"辛格尔说,"家庭是一切的核心。公司就是一个大家庭,是这些孩子的家。当他们的父母来到公司,我们会行摸脚礼[1]。"

作为这个以营利为目的的家庭的家长,维内·辛格尔以成为年轻员工的人生模范为骄傲。他希望他们能够成为之前他的激进主义想要培养出的那种年轻人:他们应该拥有放眼世界的野心和印度的传统价值观,想要征服世界但又不会丧失作为印度人的自豪感。当然了,印度的价值观到底是什么,最终也由辛格尔决定。派对狂欢没问题,但要和家人一起。"我们每个月都会租屋顶酒吧,给他们办一次大派对,想要什么应有尽有。"我猜这"应有尽有"里暗含酒精和毒品。但是他并不支持吞云吐雾,"我不允许他们吸任何东西,在办公室还是外面都不行。"年轻人的思想太容易被控制了,这些员工说起他来,就好像被洗脑的民众说起他们的独裁领

---

[1] 摸脚礼是印度的一种礼节,身份低的一方对长者或身份高的一方行摸脚礼,表示尊重。——译者

袖一样：

> 维内哥想要改变我们的国家。
>
> 如果有人批评印度，哥就会非常生气。
>
> 他就是每天鞭策我的人，他说话的方式，还有他生活的方式。

他每周日早上都会给他们讲话，听起来就像是那种励志演讲一样。他走上在角落的讲台——"君临城"——给自己、团队、公司和国家设定目标，每次都能滔滔不绝几小时。"下一个五年里，我会着力发展公司，然后下一个十年，我会着力发展国家。"在他身后，他们可以通过大楼的落地玻璃窗看到印多尔平整的轮廓。"我希望让他们感觉站在世界之巅。"这个建筑的策略奏效了。窗外的风景让人眼花缭乱，尤其是还听着你认识的最厉害的人，讲他认识的最厉害的人。史蒂夫·乔布斯经常被提起，他的话直接说到了这群孩子们的心坎里。他们相信在影响世界这件事上，他们和任何地方的任何人都平起平坐。

> 把每天当作生命的最后一天去活。

有时候生活会给你当头一棒。别灰心。

求知若渴，虚心若愚。

最近，埃隆·马斯克在演讲里出现的频率越来越高。"惭愧地说我没有读过很多书，但是有一本书我从头读到尾，埃隆·马斯克的自传。这本书改变了我的人生"，辛格尔告诉我。他的世界观越来越受到这个科技鬼才因科幻小说启发而创立的存在主义哲学的影响。

人类的未来将会有两种可能：要么多星球生存，要么种族灭绝。

如果我在世时看不到人类登上火星，那我会非常失望。

唯一有意义的事情就是为更好地启蒙大众而奋斗。

他的励志哲学的另一大母矿也借鉴自美国。辛格尔和他弟弟一样，自从发现互联网后就投入大量时间仔细研究美国的流行文化。他生活和事业的大部分知识都来自美国电影和美剧。"《权力的游戏》：谋略、激情、原则。《越狱》说的是'没有 B 计划，只有 A1、A2、A3 计划'。《加勒比海盗》里的杰克船长教给我的是决不放弃的态度。在第二部的结尾，他的船遇上了龙卷风，还被敌船包围，结果他抽出一把剑说，'来吧。'《绝命毒师》：虽然主旨不够积极，但是主角愿意为家庭付出一切。《洛奇》：人生就是看你能承受多大的挫折并且继续前行。我遭遇了8次破产，当我欠了3000万卢比的债，口袋里只剩22卢比的时候，我就会想到这部电影。"

他的励志鸡汤每天都会增加新内容。他可能已经向团队复述过白手起家的亿万富翁和好莱坞英雄说的每一句有意义的话了。最近，激励了这位不爱看书的CEO的，是一位19世纪的英国诗人，在印度也曾经大名鼎鼎。"你们听说过鲁德亚德·吉卜林吗？今天早上有人给我发来一首他的诗，叫作《如果》。我已经发给整个团队了。"

那天晚上，我重读了《如果》，然后我就知道是哪句话吸引了他和他的团队：

> 如果你能攥起赢得的钱财
> 来一场孤注一掷的游戏，
> 输掉，然后从头再来
> 对你的损失绝口不提。

在辛格尔的特朗普时代世界观里，生意场上的成功是最大的成就。和这位亿万富翁出身的美国总统一样，辛格尔也认为，能领导一家成功的公司让他成为领导一个国家的不二人选。

"我把我的公司看作一个缩小版的国家。我领导它的时候，它按照每一个指标运行。每个人各司其职，每个人都有自己的任务，他们只有完成好自己的工作才能留下来。为什么政治不能被看作一个让国家变好的工作呢？"

他对于领袖的理解似乎也照搬了特朗普的那一套。"一位好的领袖，应该是一半民主一半独裁的。"我问他有没有受到任何印度领袖的启发，他的回答并不让我意外。和千百万支持印度影响世界的年轻人一样，辛格尔也在总理纳伦德拉·莫迪的身上看到了希望。"现在我们给他内阁里的部长发推特，就能收到回复，这是他最大的成就之一。2014年之前，我根本不敢想象国家领导者可以这么亲民。他每周都在电台发表公众讲话，人们能感受到他在那儿。"

遵照这一标准，即他们利用科技进行自我宣传的能力有多强，他给政客们排了名。拉胡尔·甘地因为不是本人在运营推特账号被判出局，而埃尔维德·凯杰利瓦尔则因为在Facebook直播演讲中使用了"多个机位"而备受赞赏。"非常成熟，非常专业。让人真切地感受到他和年轻人联系了起来。"

辛格尔认为他能比他们所有人都做得更好。"有些事情势在必行，因此需要适合做这些事的人进入政坛。如果你想做出一些改变，政治是唯一的途径。"他觉得，如果他能建立一个3000万美元的公司，告诉美国读者一些有的没的，那就没什么他做不成的事了。但最近，他开始觉得印度的政治舞台太小了，不值得他劳神费力。"我不再想成为这个国家的总理了。"

我去印多尔不是为了听维内·辛格尔改变印度和改变世界的大计，我只想知道他怎么能身在这里就建成了世界上最大的内容工厂之一。但辛格尔不太愿意聊自己的生意，他已经通过网站的数据证明了一切。他只想谈他的"愿景"。他陷入得越深，似乎就从现实中抽离得越远。我们两个面对面坐在生机勃勃的WittyFeed咖啡馆里——"全市最好的咖啡馆"——但他的思绪显然已经飘到了外太空。他的眼睛盯着我后面的什么东西，于是我回过头去，想在已是下班时间却仍旧忙碌的编辑室里找到他的焦点（美国很快就将醒来），但他并不是在看我能看到的任何东西。他顿了一下继续说，"我想要领导全人类，人类比一个国家要大。我想要到外太空去，我希望人类能成为一个多星球存在的物种。我想领导火星。"

*　*　*

我平静地把这话记了下来。那一年,我听过比这疯狂得多的话。从2014年我开始在印度遥远的角落和年轻人们交谈以来,到2017年他们说上句我就能接下句为止,我的笔记本上写满了这样的口号,这是他们极端情绪的宣泄:他们的希望、计划、担忧、梦想。印度人口超过半数是25岁以下的年轻人。[1]这是世界上所有国家里数量最为庞大的一个年轻人群体。"此前从来没有出现过这么多年轻人。"联合国2014年的一份报告用震惊的语气记录下这一事实。它将印度这前所未有的人口构成的意义用最简单易懂的话概括了出来:"这其中蕴含的经济和社会发展的巨大潜力可能以后再也不会有。我们如何满足这些年轻人的需求和抱负,将决定我们共同的未来。"[2]

世界的未来依赖于印度年轻人能否实现抱负,但是现在看来,这还是个白日梦。正如发展经济学家多年来警告的那样,印度迫切需要解决它的"3E"问题,大多数印度年轻人将被列入这三个

[1] http://www.livemint.com/Opinion/2WSy5ZGR9ZO3KLDMGiJq2J/Indias-burgeoning-youth-are-the-worlds-future.html
[2] https://www.unfpa.org/sites/default/files/pub-pdf/EN-SWOP14-Report_FINAL-web.pdf

范畴：未受教育（uneducated）、待业（unemployed）、无工作能力（unemployable）。这个国家完全要依靠庞大的青年群体成为超级大国，但却不知道如何将数字变为资本。

这个挑战涉及的问题让对印度最有信心的支持者也犯难。想要在国际经济上发号施令，印度需要在未来十年里让1亿年轻人接受教育，这是一个史无前例的任务。在这十年里，至少需要建成1000所大学和将近5万所学院。（什么概念呢，美国总共也只有4200所学院。）[1]即便印度奇迹般地完成这项壮举，这些学校的教育质量也仍然是个问题。目前，不到17%的毕业生有直接就业的能力[2]，只有2.3%的印度劳动力接受了正规的技能训练（日本80%，韩国96%）[3]。但现实是他们需要一份工作，只有极少数印度特权阶层能够自主选择不工作。然而，印度在创造就业上举步维艰。大约1.17亿人需要被吸纳到新的、更具有生产力的工作中

---

[1] https://www.csmonitor.com/World/Asia-South-Central/2012/0116/In-India-the-challenge-of-building-50-000-colleges

[2] http://www.aspiringminds.com/sites/default/files/National%20Employability%20Report%20-%20Engineers%20Annual%20Report%202016.pdf

[3] http://www.worldbank.org/en/news/press-release/2017/06/23/new-world-bank-project-give-impetus-india-skills-agenda-to-provide-over-8mn-youth-with-market-relevant-training

去。[1]求职者和工作缺口之间越来越大的差距，使得国际劳工组织将这一代印度人称为"受伤的一代"（Scarred Seneration）。他们预测"集体性的挫败感"将引发抗议活动和社会动荡。[2]

事态已经开始恶化。过去的三年里，许多邦内的大批印度年轻人开始因为工作配额问题走上街头。在安得拉邦，他们封锁了道路和铁路网络[3]；在哈里亚纳邦，他们切断了对首都的自来水供给[4]；在古吉拉特邦，他们封锁了工厂，警察向他们开火[5]；在马哈拉施特拉邦，他们威胁要摧毁那些因平权运动而得到雇佣的人[6]。事态正向着更糟糕的方向发展。

数量庞大的印度年轻人中的大部分仍活在一潭死水中。地方百姓构成了现代印度的核心，却没有人关心他们的想法。他们只

---

[1] http://www.livemint.com/Opinion/EZnQxosavPuFxrBznAonXM/The-challenge-of-unemployment.html

[2] http://www.ilo.org/global/about-the-ilo/newsroom/news/WCMS_165465/lang--en/index.htm

[3] http://www.financialexpress.com/india-news/andhra-pradesh-kapu-protest-turns-violent-despite-cm-chandrababu-naidus-reservation-assurance/205017/

[4] https://timesofindia.indiatimes.com/city/delhi/Jat-quota-stir-Water-supply-cut-Delhi-may-go-dry-today/articleshow/51073879.cms

[5] http://indianexpress.com/article/india/india-others/patidar-agitation-to-intensify-police-indulging-in-violence-hardik-patel/

[6] http://www.hindustantimes.com/india-news/the-new-wave-of-caste-wars-maratha-feel-their-social-order-is-under-threat/story-fAhhIz8OEDcOYXZuoAHkLI.html

会在临近大选时出现于我的新闻推送中，只有那时我的同事们才会下乡采访，了解"年轻选民"的想法。他们都会带回同样的结论：一波远大抱负正在印度的乡下蔓延。

似乎离城市越远的人，梦想就越远大。我们能看出来他们想要什么——在机会、收入、个人价值、政治立场、爱情和生活的方方面面，都获得更多的选择——但我们看不到是什么驱使他们有这些需求。搞清楚这一点并不容易，把我们分开的是一个重要的时间段。从某个角度来看，他们的生活和父辈、祖父辈在这个年纪的生活并没有任何差别——不管是生活在哪里，还是如何生活。然而视角稍微转换，就会发现一切都不同了。一名20岁的印多尔年轻人和美国艾奥瓦州的同龄人所接收到的信息是一样的，这也可能让他们生出同样的需求和梦想。对印度年轻人而言，他们所生活的地方和他们理想的生活之间没有任何联系。

1亿人突然间拥有了远大的梦想，然而不管是家人、老师、老板还是政府，在他们所生活的地方还没有人为此做好准备，这种情况下会发生什么呢？他们会意识到只能靠自己。他们只能告诉自己，他们需要自己建造一个世界，才能成为想要成为的人。在这个世界里，你能达到怎样的成就要看你有多大的渴望。一旦他们给自己创造了这个名为梦想的泡沫，他们就会把全部人生都压在追求梦想上——要么拼命干，要么就是死路一条。

年轻的印度人正在这块看似最不可能的土地上，利用他们的想象力创造经济、政治、文化的诸多可能性。WittyFeed能成为世界上最大的传媒公司吗？我现在对于此事的信心，相比踏进这个小镇童话之前并没有增加。在我发现辛格尔和他的帝国时，标题党的魔力已经在减退。一个很重要的原因就是，Facebook开始不愿意让其他玩家通过它的名气获利。如果WittyFeed想要保持数据，它就要调整策略。这其中吸引我的不是什么样的内容能成为爆款，而是为什么一家名不见经传的印多尔公司能在标题党新闻的世界性崛起上扮演重要角色。

我后来又见过辛格尔几次，都是在大城市的活动中，他在那谈论小镇精神的崛起。只要一走上台，这位CEO就滔滔不绝地讲起自己是个"来自小镇的朴实青年"那一套。凭借着不太流利的英文，他告诉台下那些紧张的年轻观众们要以自己不标准的英文为傲；引用投射在巨幕上的网页访问量，他告诉观众们世界的未来都要靠他们的想法；带着直击灵魂的眼神，他告诉台下绝望的一代，他们要让印度再次伟大。

因为彻夜思索如何让自己和国家走上荣誉的巅峰而满眼血丝的辛格尔，似乎挺喜欢新印度的形象。然而这个新的印度并非总是让人易于接受。首先，它是重男轻女的典型。男人总是要负起来自家庭、社会、国家的各种责任，经受比女人更大的压力。在2004—2005年和2009—2010年之间，有超过2400万男性上岗，同时有2170万女性下岗。世界银行等对此现象感兴趣的调查者将其归咎为"社会规范：婚姻、母性、棘手的性别关系和性别偏见，以及父权社会"。[1]

这一代印度人被吊在两个极端之间。他们在祖父那辈人的文化价值观影响下成年——社会问题上态度保守，性方面腼腆，宗教上敬畏神明——但是他们的人生目标又和美国青少年一样：要赚钱和出名。他们能获得真正机会的可能性极为渺茫——每个月有100万印度人进入就业市场，他们当中大概只有0.01%能找到稳定的工作——但他们对于成功却有着最不切实际的幻想。[2]他们是最具全球视野的印度年轻人，但他们基于语言、地域、宗教，以及对于国家前殖民地时代辉煌的夸大认知而形成的"何为印度人"的看法也最为狭隘。他们中的大多数对印度的旧政治很不满，对他们来说那就是国大党死板、严格的自由主义的代名词。然而他们对于新政治的认知就是如今掌权的印度人民党，一

---

[1] http://www.bbc.com/news/world-asia-india-39945473
[2] https://blogs.wsj.com/briefly/2015/07/22/indias-labor-force/

个主张排他的民粹主义和教派隔离的政权。他们是自独立以来最绝望的一代印度人——86%的人曾对未来感到"焦虑"——但他们也是最执迷于统治世界的一代。[1] 不管现在的处境有多么困苦，他们组成了世界上最庞大的志趣相投的年轻人群体，而且他们坚信世界就应该按照他们的规则运转。这些印度年轻人的决心，将给印度内外带来不只经济上的影响。他们心中的一切只能靠自己的想法，导致这一代印度人以自己的观点重新定义一切：工作、成功、道德。这也会以一种我们还不能预见的方式改变我们的世界。

开始的时候，我以为自己了解在时刻变化的印度做一个年轻人是怎样的。我了解找不到自己定位的沮丧和寻求天翻地覆的变革的欲望。作为一个从新晋自由主义印度的小城镇中产家庭长大的女孩，我也常常要重新调整种种想法，包括我是谁、我对世界的看法，以及我想从这个世界得到什么。我很幸运，对我而言最难的部分就是说服自己要有更远大的志向。我不需要为了成功或生存奋斗，只要追求个人自由就行了——离开家，做喜欢的工作，为爱结婚，自己的生活自己说了算。我的斗争对象不是国家也不是某

---

[1] http://www.lokniti.org/pol-pdf/KeyfindingsfromtheYouthStudy.pdf

个系统，而是传统。我被高种姓和高阶层的壳保护着，不用像其他人一样面对残酷的现实，我唯一需要斗争的就是我的家庭，而且这也算不上是硬仗。

和现在的印度年轻人不同，我当时对这个世界愤怒不起来，因为我找不到足够的理由，我被世界吸引还来不及呢。那时印度刚刚在铁门上开了一个洞，让人得以一窥外面的世界，而我就被它的五彩斑斓深深吸引了。我接触到只有世界上最幸运的一群人才拥有的好东西：有线电视、流行音乐、校园漫画。我对于它给我日常生活带来的诸多选择心怀感激，比如至少能有不止一个牌子的香皂可以选。我长大过程中所经历的印度，比我父母年轻时候的印度在各方面都好太多了，很难想象谁会觉得它有什么问题。从我的角度来看，印度就是在崛起。

当时所有人都是这么说的，包括那些愤世嫉俗的人。V. S. 奈保尔在1990年代初游历印度的时候看到，这个国家虽然面临着很多挑战，比如"极端的团体、教派、宗教、地域矛盾"，但同时也在拥抱"自由的观念"，达成"精神上的自由"。那个十年里，《纽约时报》每五篇关于印度的报道里就有一篇讲的是印度又和某外国企业签订了令人激动的商业合同。从太空科技到私人电脑，所有在造的东西都将印度送往美好的未来。[1]

和我现在遇到的年轻人不同，20岁的我并不想让印度统治世界，看到我的国家成为世界的一部分我就已经很开心了。我的政治理念和我父母一样，我们都是所谓的国大党支持者。我父母的父母也支持国大党，除此之外也没有其他政党可以选择。国大党不但为印度赢得了自由，也是贾瓦哈拉尔·尼赫鲁和他的后代所建立的政党，它奠定了印度民主、世俗主义、社会主义的内政方针和支持自由与公正的外交方针。没有人觉得国大党是完美的——腐败、裙带关系和威权主义也在其中滋生——但它同时也将印度塑造成一个现代的、技术进步的、科学领先的国家，至少在它执政前期是这样的。更重要的是，人们把它看作一个懂印度、面对各种极端主义仍然能够带领国家继续前行的政党。我长大的过程中听到的都是，国大党是属于所有人的政党：不管是印度教徒还是穆斯林，穷人还是富人，老人还是年轻人。现在的我会质疑这一点，但当时我深信不疑。

我基本上继承了我父母的偏见，很少对阶层、种姓、地域和

---

[1] http://www.nytimes.com/1990/07/05/business/entrepreneurs-flourish-as-india-makes-reforms.html
http://www.nytimes.com/1990/02/26/business/international-report-pepsi-is-open-for-business-in-india.html

宗教发表观点。但和2017年那些20岁的年轻人不同，我有幸在后真相时代前就成长为一名有思考能力的成年人——我阅读书籍和文章不是为了验证我的观点，而是为了挑战我的观点。所以大多数时候都以尴尬收场。

刚开始为这本书做功课和采访的时候，我以为这些印度青年人就是年轻版的自己——不到十年前我还是个焦虑的18岁的孩子呢——但是和2010年代这些18岁的孩子待上几天，我就意识到他们和我太不一样了。

和年轻时的我不同，他们非常坚定地相信自己生来就是要成就大事的——事实上，这常常是他们认知自己的第一步。他们的问题是，没有人关心他们的自我认知。一般情况下，不被重视会导致人对自己的想法更谨慎，对自己的预期更没把握，但奇怪的是，这种情况并没有发生。他们被丢在自己的幻想里，并把这种幻想不断拉伸，直到这些幻想变成一道墙，将他们和漠不关心的世界隔绝了起来。

我在远离印度中心地带的德里思考我们国家的婴儿潮一代时，并不知道这些。那时我唯一知道的就是，了解他们（将近6亿人），是了解现代印度的关键。所有人都同意当时国家正在经历转型中最艰难的阶段——包括政治、经济和文化转型——而要承担最大风险的就是开始成年的这群人。我最关注的选题就是印度年轻人们如何试图理解和适应这个脱轨的世界。我在德里旁听了"个性发展"课程,它教哈里亚纳邦和拉贾斯坦邦的乡村青年如何展示自己。[1] 我整晚整晚地在第一家涉足印度市场的相亲网站上,和印度各种偏远地区的男人们——从北方邦的萨哈兰普尔,到泰米尔纳德邦的萨勒姆——聊天。[2] 我还整天读那些自出版的小说,其中都是通过工作、旅行、恋爱完成自我发现之旅的印度年轻人们指导其他印度年轻人该怎么做。[3]

我接触的大多数对象都是男性:他们都表现得不自在、焦虑,且好斗。我总是保持着距离,从一些屏障后面试探他们最深的情感——这些屏障是书、网络,还有课堂。我总是害怕一旦走得太近我会发现什么。

但是和他们聊得越多,我就越觉得需要走近些。他们很愿意跟我讲关于自己的一切,有些人在分享人生中那些很私人的细节时告诫我说,这些坐在德里是没法理解的。有一次我问一个孟买郊区以骗外国人为生的小伙子,他是怎么进入这一行的。他说:"我

---

[1] https://india.blogs.nytimes.com/2013/07/05/developing-indias-personality/
[2] http://www.caravanmagazine.in/reportage/casting-net
[3] http://www.openthemagazine.com/article/books/the-new-heroes-of-mba-lit

可以在电话里都告诉你,但你也不妨来一次——只要一次——让我带你去我住的这片,我家、我的工作场所看一看。"

2014年中,我开始到小村镇去,想要弄清楚印度年轻人们想要什么,他们想怎么得到它们,以及他们的梦想将会如何改变他们和我们的世界。那一年是能否建立一个新印度这个问题的一次关键考验。"梦想家们"在那一年选出了他们的总理,这个人能理解他们对于就业、进步和荣耀的焦虑与希望。这个国家最难满足的选民终于有机会把他们的理想投射落实。印度的年轻人们把纳伦德拉·莫迪推上了总理之位,现在他们就指望他信守诺言了。[1]他知道他们想要什么,但他能帮助他们完成梦想吗?如果他成功了,这个国家的未来会是什么样的?如果他失败了,又会是什么样呢?

我首先去了我的家乡兰契。在当地,如果你生于一个中产家庭,那你们家认识的所有人不是公务员就是经营家族企业的。大概十年前,印度东部以外还很少有人听说过这个地方,直到这里突然出了位印度板球队队长。多年来,兰契所有能离开的年轻人都走了,想要有所成就,当个医生、工程师、律师、记者,或者公司职员,就唯有离开。

---

[1] https://timesofindia.indiatimes.com/news/Election-results-2014-Lok-Sabha-Elections-2014/articleshow/35227336.cms

离开的不只是我和我的朋友们。所有人在快到工作年龄的时候都会这么做，到大城市去做工人或者快递员，由此成为全球经济的一分子。在德里或者孟买，随便某一天我遇到的人里，来自比哈尔邦我祖父那个村子里的人可能会多过大城市的本地人。多年来，我问了很多人为什么离开家乡。不管他们做什么——在德里南部教瑜伽，还是在班达尔帮侨民买东西——答案都是一样的：人往高处走。

2014年之前，我偶尔回兰契都是为了洒红节[1]或者排灯节[2]的家庭聚会。我父母和姐姐现在还住在那里。和所有规模相仿的城市一样——人口几百万且还在增长的"二线城市"——兰契也在过去的十年里从印度地图上的一个点发展成了一个有作为的"国际化"城市。每次我回去，城市都有巨大的变化。二线城市的现代化标志在过去几年慢慢出现：机场、公寓楼、典型的连锁酒店、购物中心。二线城市标志性的混乱也同时出现：堵车、污染、犯罪、污水。我作为当事者见证了城市变化的过程，却希望自己是个旁

---

[1] Holi，又称"胡里节"，是印度传统节日与传统新年，每年2、3月份间举行。节日期间，人们互相抛洒用花朵制成的红粉，投掷水球，迎接春天的到来。——编者

[2] Diwali，又称"万灯节"、印度灯节或屠妖节，是印度教、锡克教和耆那教"以光明驱走黑暗，以善良战胜邪恶"的节日，每年10月或11月中举行。——编者

观者。改变城市的面貌总比改变它的观念容易，对于后者我不抱什么希望。

印度小城里最有限的不是它的面积或者人口——兰契的面积和人口比很多主权国家还大还多——而是它的想象力。我回去就是为了挑战自己的观念。我也去了其他的小村镇，有的地方小到让兰契看起来有如一个巨大、发光的天堂。我当时在找新印度的那些可以让年轻人追求成功的地方，那些你不需要过往经验、学历背景或者重要人脉也可以进入的机会之地。比如，你可以成为"活动策划经理"。在印度的二线城市转了三年之后，我收到的活动策划经理的名片比其他任何职业都多。从公司聚会到政府集会，任何事都是一项"活动"，而没什么活动是不能策划的。所有人都在策划婚礼；当竞争变得激烈起来，私人的消遣就会演变为公开的大场面，首当其冲的就是晨间礼拜。

或者你也可以进入"媒体行业"。就我理解，这个媒体行业并不是指记者那种需要你具有优秀的语言能力或者追求真相的能力的工作。唯一吸引我那些年轻朋友去做媒体行业的本能，是对于影响别人观念的渴望。维内·辛格尔不是我见过的唯一一个被此吸引的年轻人。我在兰契认识的第一个年轻人是位26岁的电台主播。他主持的节目《乔希工厂》是当地电台最受欢迎的节目——"四成消息，六成娱乐"。R. J. 山奇对于消息的部分更感兴趣。不是消息本身，而是他对消息的见解。"见解，见解是最重要的，"有一次他向我解释他的媒体座右铭，"你需要把一则 90 度的新闻转成 360 度的。"

和辛格尔及其团队一样，山奇给他的受众（将近 100 万听众）提供的不是新闻，而是对新闻所持的情感：骄傲、宽慰、羞耻和愤怒。大学一毕业，山奇就跟着很多朋友一起去了德里，最后在一家大型 IT 公司的接线中心找了份工作。一年都没做完他就回来了。"如果我没回来，我就是德里一个普通的接线员。"在那次顿悟的八年之后，R. J. 山奇成了一个名副其实的名人，把大部分的时间花在建立个人品牌上。闲暇时候，他也像其他人一样，忙着为如何治理国家献计献策。

"我们国家的问题是没人知道自己该做什么：政客、官员、警察都算在内。印度的政客对本职工作能力不足，他们懂政治，但却不知道如何做好自己分内的事。"

如果可以，他会把国家当作一个公司来管理。

"被选举的代表应该每三个月开一次会，证明他们自己是否称职，展示他们有什么样的业绩。他们应该有一个打分系统，公众以任期内的表现为他们打分。"

在他的想象中，如果管理国家像管理公司一样，那每个人都可以按能力做事——没有歧视或者特权的可乘之机。

"为什么我们还按照种姓、宗教或者出生地来制定政策？"

他最喜欢的宝莱坞电影讲的就是像他这样年轻的理想主义者掌控了德里的国会。

"是时候了。"

不管是新印度还是旧印度，人们总可以通过从政追求金钱或者权力。但现在，一个想要成为议员或者立法者的年轻人并不想要这种设定。他不需要一个票仓或者选举基金，他甚至不需要有把5000人聚集到一场政治集会上的能力，他只需要有足够的自信，认为自己比任何一个当权者都懂得多。已经数不清有多少年轻人告诉我管理国家应该像管理公司一样。当然了，他们中的大多数梦想着能管理他们自己的公司。

这是新印度梦吗？它看起来确实和过去是分割开的。之前世世代代的印度年轻人都没有其他选择，只能赚工资；现在每秒钟都有一名年轻人萌生一种创业的想法。也许他们需要这样的想法——毕竟他们也知道获得一个赚月薪的工作太难了。但更重要的是，他们咨询了自己的智能手机，发现人们不需要有钱就可以拥有自己的公司了。他们了解到，世界各地很多像他们这样的人都用凭空的想法和希望建造着梦想中的公司。

现在的政府很乐于用承诺鼓励这种梦想,让印度听起来像是年轻企业家们的终极目的地。2017年5月,因为担心"就业末日",印度人民党主席、莫迪的副手阿米特·沙阿说,"这个国家给超过10亿人提供就业岗位是不可能的。"三年前,印度人民党通过承诺就业赢得了政权,如今他们说要给印度人"自我雇佣的机会"。[1]在这套鼓励建立一个聪明、自食其力的印度的漂亮话背后,是目标受众们还没空想明白的潜台词:"我们管不了你们的梦想了,但是我们很高兴让你们自行解决。"

我身边从来不缺梦想家,他们像鬼片里的僵尸一样从各个角落爬出来。但我只被其中的一些吸引。我选择跟访的对象有些明显的共同点,首先,他们拥有最远大的梦想。每个人的终极目标都是三者之一:有钱、有名,成为举足轻重的大人物。他们的野心似乎已经超越了理性——和他们其中的任何一个待上一天之后,我翻看笔记时就会吃惊地发现,像"疯狂""疯癫"这样的词被我用了多少次。大多数时候,这些词都是他们对自己的形容,或者别人对他们的形容——但有些时候,我确实找不到更合适的词来形

---

[1] http://www.hindustantimes.com/india-news/not-possible-to-provide-jobs-to-all-so-we-promote-self-employment-amit-shah/story-z1XMRYTdwOkBseTzjyrMIL.html

容他们了。

除了少数几个只想成为大人物的人以外，大部分我跟访过的人想要的都是钱和影响力。但在所有我接触的个例中，我都很难明白或者理解他们是如何在自己所处的环境里生出那些梦想的。我很难跨越他们的现实和梦想之间的那条鸿沟；他们则正相反，对此毫不在意。他们除了靠自己，完全没有别人的帮助，这点对他们来说也没什么大不了的。他们痴迷于自己的梦想，我则痴迷于他们为实现梦想付出的诸多努力。

每个人的办法都独树一帜。他们或天真或精明，或诚实或狡猾，或悲观或理想主义——很多时候每样都有一点。但是在专心致志之外，他们身上还有些什么我说不清楚的东西。我不断地回到他们的生活中试图寻找答案，也去看看他们是否会、能否会像他们梦想的那样变得有钱、有名，或者举足轻重。像每个报道艰难追梦日常的记者一样，我对于他们的未来会如何非常好奇。

而且，虽然我没有预测未来的能力，我的直觉告诉我，观察他们能否实现自己的梦想也能看出印度未来的一些影子。我好奇什么样的人有机会实现梦想，而什么样的梦想又有机会被实现；我也很好奇那些完全没有机会实现梦想的人会变成什么样。

有些人我跟访了几天，有些几个月，有些长达几年——没有先后顺序。我是通过报道任务认识了一些初期的采访对象，在报纸和杂志上写下了部分他们的故事。我问了每个人我能否进入他们的生活观察一段时间，他们都欣然同意。本书中的一些人用了化名，有的是应他们本人的要求，有的则是为了省去一些麻烦。我也以他们喜欢的方式关注他们，即通过社交媒体。在那里，他们建立起精心设计的形象，从而让他们的梦想更容易实现；在那里他们也定期、详尽地分享他们的新鲜事，不管是日常生活、工作，还是其他方面。他们的时间线（Timeline，即Facebook的一个功能）看起来就是他们生活的详细列表，但同时，这一代印度人也只愿意在社交网络上展现完整的自己：个人生活、政治见地，以及事业发展。如果他们想告诉我什么，比如有重要的人生大事要宣布，他们就会在Facebook或者WhatsApp上给我留个言，这是他们与世界沟通的两个重要渠道。更多的时候，他们就通过照片和视频与我交流。

我经常旁观这些个人旅程，偶尔也参与其中。如果他们征询我的建议，我也会说自己的看法。我不总是同意他们的决定，他们也不总是关心我怎么想。然而，我很难不受到他们生活变化的影响。我为他们的成功欢呼，也为他们的失败难过。在他们心中，我一半是旁观者，一半是自己人——这并不是个好立场。比如说，他们不理解为什么我除了告诉他们对错之外不会帮他们更多——尤其在他们也很少提要求的情况下。"你没看到我现在正需要你的帮助吗？"我明知会让他们失望，还是拒绝帮一个人买火车票逃离绝境，也拒绝帮另一个人付车贷。

我们的关系也无法逃离一个事实，即他们大部分都是男人，而我，是个女人。很多时候，我正好是他们除了家人以外生活中唯一的女性，而且和他们认识的所有女性都不同。我独自住在大城市里，到世界的尽头去和各种人交谈，有无数的问题要问。我们的互动很少顺利开始——他们对我或是非常尊重，或是居高临下；或是心醉神迷，或是疑心至极；或是展示脆弱，或是乐于照顾。有的时候我们能避免剑拔弩张，他们有他们要做的事，我也有我的。所有我跟访的对象都清楚地知道我在做什么，谁也不会惊讶为什么会被我选中。远在我拿着纸笔到来之前，他们就知道早晚有人会来。

参考书目

V. S. Naipaul (1990), *India: A Million Mutinies Now*, Penguin Books.

Ed. Peter Ronald DeSouza, Sanjay Kumar and Sandeep Shastri (2013), *Indian Youth in a Transforming World: Attitudes and Perceptions,* Sage.

Parul Bansal (2012), *Youth in Contemporary India: Images of Identity and Social Change*, Springer.

2
英语男

我在兰契待了一年之后才走进"美国学院"的大门。每次离开家我都会经过老普路,而每次开车经过老普路我都会看到这个招牌。这条狭长的马路是这座城市的交通要道,连接起许多重要的地方。此外,它也连起了兰契及周边孩子们的职业目标和他们成功的可能性。工作与求职者之间的鸿沟,让各种生意在老普路上兴起。在我的记忆中,一直如此。这条鸿沟越大,弥合这条鸿沟的承诺就越有吸引力。我住在兰契的时候,老普路很大程度上就是中产家庭的避难所,家长把你送到这里上培训班,目标是职业学校的入学考试,或者有社会地位的工作,比如医学、工程、管理、银行、行政服务……老普路上的培训中心为所有职业提供入口,只有你想不到的,没有它提供不了的。

但在2001年，你能想到的职业也就那么多。如今，世道不同了。市场上的工作数量也许增长得并不理想，但是每天都会有一种新的工作出现。如果一份工作能够保证不错的薪水和一定的社会地位，那它肯定附带着一个只能通过几个人的准入考试，而老普路上的培训中心就声称能让你通过这样的考试。在这里，中产阶级垄断"体面"工作的日子已经过去了，每个人都有资格参与这场竞赛。

如今这块地方培训中心林立。每一寸地皮都被一间培训机构占据了，它们为各种五花八门的考试提供"保过"服务——MBA/APMT/SSC/PMT/NTSE/NEET/SLEET/MCS/JAC/ BPSC。这条路上有一个三层的购物中心，里面全都是培训机构，都在玻璃上贴着不同的考试简称。这里的天际线就是一个战场，布满了广告牌、明星教师闪光的大头照，以及培训经济中的硬通货——苏尼尔·库马尔（物理，IIT，IIM）、拉凯什·夏尔马（化学，BHU）、尼廷·梅赫拉（微积分，Roorkee，IIM）[1]。培训老师宣称可以攻破的入学考试越难，他在培训市场上就越值钱。

在这个宇宙中，英语有个单独的入口——如果你不会用英语

---

[1] IIT，印度理工学院；IIM，印度管理学院；BHU，贝拿勒斯印度教大学；Roorkee，IIT鲁尔基分校。——译者

回答问题，所有的辅导都是枉然。如果你足够幸运，可以选择用某种方言答卷。但在印度，想通过任何面试，都必须用英语告诉西装笔挺的面试官你为什么是这个工作的合适人选。因此，每五家提供数学或者逻辑辅导的培训中心，就会对应一家专攻"英语口语"的培训中心，现在简称"口语"。而那些"说口语"的人，就被叫作"口语人"。

至少，英语口语美国学院是这么叫的。这是一家迅速扩张的连锁培训机构，面向的市场是想要在社会阶层中向上流动的人。机构显然对他们的品牌灵感非常骄傲，从"美国学院"在印度北部——从德里贫民窟到德拉敦的小山顶——的迅速扩张可以看出，这个策略似乎是成功的。"美国学院"光是在兰契就有四家店面，是老普街上最大的培训机构，一个巨大的红箭头直接把主路上的人引到它门前。2015年3月的一天，我也沿着箭头向左转。有五个年轻人在前台排队，一个看起来比他们大不了多少的小伙子正在给一对父子介绍不同"套餐"的价格。在他身后的墙上，我看到一张剪报上印着他的脸。角落里一张软塌塌的沙发上坐着三个年轻人，正在认真地翻阅宣传册，除了前台和沙发之外，屋子里没有其他什么东西了。屋里的气氛逐渐变得紧张。我正好和那个介绍的人打了个照面，他开口问道："您需要帮助吗？"我就问他现在都有什么课。"基本对话、个性发展、小组讨论、面试",他一口气说了这一串,口音一听就是练过的。"为什么我应该加入'美国学院'?"我问他。"因为我们相信任何人都可以说英语。"通过这几句简短的英文对话,穆因·汗就知道我不是来这学口语的。他双臂交叉搭在桌上,问我到底是来干吗的。我说我是想来了解一下英语口语如何能作为提高生活质量的工具,告诉他我想要旁听基本对话的课。我们达成了协议:我付1800卢比的费用,他就让我到他的班上听课。"那跟我来吧,"汗示意我从房间出来上台阶,"我正在教一批新的学生,你要想观察整个过程,现在时机正好。上这个班的学生连最基本的都不会。"协议中还有一点就是我必须在课上把嘴闭牢。

***

十年前,穆因·汗自己也连ABC都不会。他17岁的时候听说了一个免费英语课,那时他还在村子里的市集上卖气球,基本就没上过什么学。他全家的收入都靠着两头牛;从他能提得动木桶开始,汗就每天挨家挨户送牛奶。晚上,他在大街上铺一张布卖东西——"柴火、玩具,什么都卖"。汗没有条件把珍贵的白天浪费在教室里，于是他进了一个当地的学校，每年去一次就行——参加期末考试。有几件事他很清楚：三年后他将拿到一个文科的本科学位；但他不知道这能用来干什么。他知道有人可以通过受教育变得有钱有权；他也知道他没有这个选择。穆因·汗既不能成为一个软件工程师加入新的精英群体，也不能进入行政服务这行成为老派的精英。他爸爸没钱让他像维内·辛格尔那样受教育，他上不了德里的培训中心，连老普路上的都去不了。

但有一份体面的工作他不需要考试就能拿到——做接线员。这是一种进入白领世界的终极骗术。想要这份工作，他唯一需要的就是会说英语。不是那种英语文学里的英语，或者官方项目报告里的英语，而是低配版的英语，所谓的英语口语。它对使用者的要求不过就是能在这个日益全球化的世界里进行基本交流。英语口语将成为新印度实操性的语言，混合菜系餐馆、购物中心和机场值机柜台的交流用语。

更重要的是，英语口语使得印度接线中心成为一种现象。1998年，德里的一名企业家在他办公室的天花板上挂了两排交叉的纱丽，给每个"电话亭"装上一条电话线和一个耳机，雇了一群18岁的年轻人来接电话，就这样将他的点子付诸实践了：把打给美国公司的电话转接到印度，收费仅为美国本地同样服务的一小部分。正如他转年对记者所说的那样,总要有人把1亿印度人合起来的英语能力变现。[1]

从2000年到2011年,印度获得了超过一半的世界接线中心市场。2005年,印度的接线业务达到顶峰,收益增长了38%。到2006年,穆因·汗在借来的电话上接了一通服务热线,第一次流畅地讲英语时,整个国家都对接线行业充满了好奇。2006年,有超过200万印度人在接线行业工作。第一批接线中心的雇员都是会讲英语的城里大学生,对他们来说做夜班接线员是实现经济独立的一条捷径。所有那些在古鲁葛拉姆[2]或者班加罗尔的"跨国"公司要做的就是给他们取美国名字——哈里什(Harish)就是哈里(Harry),贾纳丹(Janardhan)就是约翰(John)——然后训练他们的口音,直到他们的"r"都软了下来,"v"和"w"能区分开。2000年代后半期,这个行业发展得比大学生加入的速度还快。为了保持发展速度,接线行业需要寻求另一个层次的人力资源——那些不会说英语但能被训练得像会说一样的人。印度就以这种方法试图成为一个国际强国。很快,英语口语的生意就成了印度实现梦

---

[1] http://www.bbc.com/news/av/magazine-30729450/the-man-who-opened-india-s-first-call-centre
[2] 古鲁葛拉姆为德里的卫星城,原名古尔冈(Gurgaon)。——编者

想的大本营。如果你想知道一个地方发展得怎么样，你就到当地市场去数有多少个英语口语中心的广告。它们和帮你准备考进理工学院或者公务员体系的那些培训机构的路数如出一辙，不同的是：不需要任何过往的学历资质，培训的时长由你自己定，还有就是不管你最终学会了多少英语，出来都是赢家。

2004年夏天，"自然创意英语梦"在孔达开了一间培训中心。这个村子距离兰契大概只有一小时的车程，但却落后了一百年。除非迫不得已，你是不会开车到那去的。终于，有人找到了去那的理由。为了让培训中心运转起来，负责人邀请了全村的年轻人来上一堂免费的课。第二天，来了七个孩子，穆因·汗就是其中一个。那是他第一次看到有人说英文，这简直让他着了魔。那个人在接下来一小时说的所有话，在汗看来都是他在这世界上闻所未闻的知识。那天，他拖着不情愿的步子走出教室的时候，就好像一个想找几个硬币却发现了金银宝藏的小偷，他的脑子里只有一个想法："我想要成为这样的男人。"

上了一星期免费的课之后，老师邀请这些年轻人交550卢比上一个为期六个月的课程。汗没有这笔钱，但他知道他得想办法凑上。接下来的两个月里，他给全村所有有牛的人干活。挤了两个月的牛奶之后，汗数了数手里的钱：350卢比。他把钱放进了口袋，走进培训中心告诉老师，他最大的愿望就是上这个课，但是他还差200卢比。老师让他第二天就来上课。

新生在开始上课之前要在全班面前做自我介绍，穆因·汗足足花了11天才开口。他害怕的不是说英语。每当他想从座位上站起来时，让他张不开口的是他的"层次"。他认识班上的每个人；知道他们都来自"有地位"的家庭，而且以前都上过学。他害怕他们能闻到他身上的牛粪味。只有当他的英文和他们处在同一水平了，他才能和他们以同学相称。为此，之后的六个月里，汗基本就没睡过觉。每天晚上他从市场回来之后，就坐在房间的角落里，手里拿着他的本子，大声诵读英语老师当天在课上说的每一个词。他不但要模仿老师的发音，还要模仿他说话时的语气——是顿了一下，拖长声，还是轻声笑了。老师经常在他的英语里夹带方言，这让他的英语听起来非常自然。在一对一的练习课上，汗就一直想练出这个效果。

全村都睡了之后，整夜地编排、展示对老师的生动模仿，穆因·汗就是这样学习口语的。有一天快下课的时候，他站在教室前面，用英语进行了第一次公开演讲："大家早上好，对我来说这是庆典般的一天。"但他对自己的表现并不满意。不管模仿得多努力，他能感觉到一个英语句子从他嘴里说出来就听上去很没有生气。他知道想解决这个问题只有一个办法：说更多英语——这是他的"新任务"。有一天往家走的时候，他想到一个可行的办法。第二天早上醒来，汗借他爸爸的手机拨打了121，电话供应商的免费客服电话。这是他在课堂外能招之即来的唯一会说英语的人，于是他就不停地和接线员说他学到的所有英文。这成了他每天都做的事。大多数时候，对方听他念叨几句就会挂掉，但偶尔他们会听汗和他们讲"我能想到的任何事——我的朋友、家人、梦想"。

汗练习得越多，就越觉得不够。很快培训课程就要结束了，如果他不能把在课上学到的英文用到日常生活中，他不但损失了几十小时可以用来赚钱的时间，也失去了获得更好生活的机会。于是在课程结束的几周前，汗召集起他的好朋友们，把他们带到一条流经村子的小河边上。在那里，他和可以信任的六个朋友站成一圈，要求他们在小河的见证下发誓："未来一个月，我们只说英语。"他们坚持了13天，有几天汗的家人以为他疯了，因为他不和他们任何人讲话。

课程的最后一天以老师的讲话开场。作为教师总结，他告诉这批毕业生，要出去追求他们的梦想。下课前，他叫穆因·汗到他的办公室去一趟。五分钟后，他让面前这个战战兢兢的17岁男孩子接替他做新的老师。汗本该觉得攀上了人生巅峰，但那一刻他却直冒冷汗："我能想到的全都是我要教的学生会是什么反应。我就是那个每天早上给他们送牛奶的人——'这个送奶工（*gwala*）要教我们英语！'等我站在讲台上他们一定会这么说！"

在印度，英语深深嵌入了阶层划分和社会分工的DNA里：收入、种姓、性别、宗教，或者归属地。它对于社会凝聚力造成的持续威胁让不同政治立场的评论人士都忧心忡忡。连圣雄甘地都有名言说："让千百万人学习英语，是对他们的一种奴役。"

还有一次，独立后的印度议会对于以地方语言代替英语作为高等教育语言的建议犹豫不决，甘地对此称："恶意将外国语言强加于国家的青年将成为历史上的一大悲剧。在这种背景下，我们的男孩子必然认为不会英语他们就做不了公务员，而女孩子则被教育英语是婚姻的通行证。"

甘地首次讲话一百年之后，英语成了这个国家全球计划的一部分，直到现在它仍然被看作一种排他的工具。如今，英语的问题不再是将一种殖民语言强加在一无所知的当地人身上的问题，而是习得资源不均等的问题。"英语对个人或社会有害，这一观点是不正确的"，奇坦·巴哈特说。他自封为一场阶级斗争的领导者，而引发这场斗争的原因就是英语习得资源的不平等。巴哈特是一位工程师出身的投资银行家，2004年他用英语写了他的第一部校园爱情小说，也是在这一年，穆因·汗的村子里建立了第一个英语口语培训中心。那时候只有一小群人——从小听说读写都用英语的人——才会用英语写书。而且他们用的英语也自成风格——大词、长句、文绉绉、东方主义浓重。巴哈特却把"通俗"（Popular）一词放在英语小说前面，并在之后的十年里写出六部小说，卖出了几百万册。他的每本新书都刻意用简单的英语写作，他也收获了数以千计的"新兵"与他共同对抗他口中的"语言中的种姓体系"。巴哈特还给"拥有"英语的印度人起了个名字：英一级（E1）。"这些人有会说英语的父母，有机会去上英语教学的好学校（一般在大城市），从小就能说一口流利的英语，这也让他们接触到英文的报纸、书籍和电影等等。英语对他们来说已经成为一种本能，他们的部分思维模式都是英语的，他们是非常抢手的。"凭借着英语能力建立起来的特权层级——英一级控制着一群人，他们就是英二级（E2）："人数大概是英一级的十倍。他们理论上对英语很熟悉，（但是）如果他们接受英一级的面试，他们看起来就会能力很差，即便他们同样聪明、努力，有创造力。"[1]

现实情况可能并不像他说的这样简单粗暴。是否"拥有"英

---

[1] https://blogs.timesofindia.indiatimes.com/The-underage-optimist/let-there-be-english-but-abolish-caste-system-around-the-language/

语的分界线不一定在巴哈特所说的富有的城市上层人士和乡村中没受过教育的穷人之间。他的理论并没有把印度国内围在英语周边的另外许多高墙考虑在内——男人比女人更容易学英语，高种姓比低种姓更容易学英语，印度南方人比北方人更容易学英语，实际情况中的英一级和英二级还有很多种。同时，英二级也有很多途径可以推翻英一级的控制，其中一种就是熟练自然地说英语。反抗的中心，就是英语口语培训机构。

***

在兰契首屈一指的英语口语培训中心里，穆因·汗站在50人的班级面前，看起来一点也不紧张。自他第一次进入这样一个教室并站在黑板前，已过去了十年。这个在讲台上踱步的27岁小伙子，像教科书般展示了冷静是怎样炼成的。他既不高，也不帅，但在讲台下坐着的人眼中，他有一种极为重要的特质：酷。落在前额两侧的几缕黑发，让他胡子拉碴的小脸看起来很有趣，他休闲与正式混搭的衣服——带领子的T恤、麻布长裤、尖头黑皮鞋——让他的小身板看起来很时髦。而面对下面的学生时，他的表情是专注的，圆圆的眼睛里写满了严肃。

教室是一间很小的屋子，放着两排木凳，中间隔着一条窄窄的走道。女生坐在一边，男生坐另一边。屋子很简陋——门口挂着一条米黄色的帘子，屋里有一台空调分机、一块小小的白板，还有一个摇摇晃晃的讲台。这样的地方给人一种紧迫感，这种紧迫感也写在学生们的脸上，每个人都在寻找别人的弱点，就好像被扔进拳台的拳击手一样。英语是他们每个人在生活的某个时刻都需要的一份助力——不管是求职面试、升职考核，还是迁入一个大城市，或在婚恋市场上给自己加分——但总有些人比一般人更需要。

我在2015年4月10日，加入了下午3点钟"美国学院"的课程，那时他们已经开学一个月了。汗在这堂课开始的时候又念起了他在每个班都会重复的咒语：语法不重要。"那些写满了规则和限制的厚语法书，朋友们，只会让我们离说一口流利英语的梦想越来越远。"现在是时候反其道而行之了。我们不会按照单词—句子—故事的顺序来学英语，我们直接从故事开始。我们会学如何以主动式和被动式使用一个动词：学习"正在做"和"正在被做"的区别。于是他假想出一个人物，"沙玛吉，一个中年、中产的普通男人"。

在汗的故事里，他自己永远是主角，故事的内容始终是他骑着摩托车在路上偶遇沙玛吉和他老婆。大汗淋漓的沙玛吉推着他车胎被扎破的摩托车去修车铺，后座上还坐着他的胖老婆。"我和他一起找（look for）修车铺，他的车被修理（being looked at）的时候我在旁边陪他。他老婆在外面等着，渐渐失去了耐心。她气喘吁吁地要求他立刻上路。沙玛吉是个脾气很好的人，从来不会惹老婆生气。他回答说：'亲爱的，摩托车正在被修理（is being repaired）。'看到他怎么描述这个动作吗？不是直接翻译成印地语，印地语会说'摩托车正在修'。永远不要这么说。必须用'修理'的被动式，前面加'被'。"通过向学生们解释动词的主动被动式，汗教给他们的是最古老的英语语法之一。穆因·汗的课上颠覆的不是英语语法本身，而是你必须到学校或者读一本语法书学英语的观念。除了很关键的部分，汗大部分的故事都是用印地语讲的。他的课大概就是这样的形式——学生们只给最重要的部分做笔记；课上说的那些故事他们永远都忘不了。但我不久之后就发现，他在课堂上做的远不止讲故事和笑话。等到这门课结束的时候，学生们学到的不只是如何用英语表达一个想法，而是如何获得一个值得表达的想法。

"真相没什么好怕的"，有一天我走进教室的时候，汗正在和学生说这个。这句话还没落地就被学生们记在了笔记本上。这是一堂英语格言课,而汗正非常努力地想要说服学生们把这些当作人生信条。然后汗读起了自己的日记:"美不在脸上,而是在心里。"(他的日记是一部个人规划大纲,从他的大量阅读中提炼而成,"励志、自立自助、哲学、人生、健康、财富、金钱、态度、人类心理学、儿童心理学、宗教"。)"有多少男生会因为女孩子的外貌而喜欢上她?"他问道,严肃的目光扫过班里的男生区。"外表不重要吗?"一个年轻男孩子举起手,勇敢地问道。"孩子,外貌并不重要,"汗抓住这个机会说,"美貌是短暂的,会随着时光而消逝。一个人现在可能长得美,但不可能永远都美。但如果她有一颗美丽的心灵,那她永远都有一颗美丽的心灵。"为了强调这一点,他甚至引用了以讲话句句是励志鸡汤而出名的前总统阿卜杜勒·卡拉姆书上的一句话:"我很丑,但我有一双助人为乐的手。"

我不知道学生们有多把他的课当回事,是不是会觉得他们学到的口头英语不值他们交的学费——2000卢比,每周三节课,一共上三个月——但他们听他讲话时全神贯注的样子打消了我的疑虑。我加入这个班不久之后的一天,穆因·汗要求学生们一个个到讲台上用他们已经学到的英语向全班做自我介绍。每个人在讲台上都用同一套脚本介绍:他们的名字、家庭状况(父母做什么,住在哪里,他们的兄弟姐妹在哪上学),以及他们的最终目标(进政府、开公司、MBA）。

有些学生分享的细节非常私密，并不适合告诉陌生人——但是这些不宜分享的事却正是他们来上课的原因。一个女孩子说，她父亲放弃了养家糊口，有一天突然离开了，她的妈妈不得不挑起家庭的重担。一个男孩子说，他家有一笔农户贷款要还。汗耐心地听完所有人的故事，回到讲台上对全班说，他不想知道他们面临什么问题，只想知道他们计划怎么解决。

在我们挖掘穆因·汗教给我们的每句古谚语的内涵时，我回想起自我介绍的那天。相比求职面试的现成答案，或许学生们更需要的是去参加并拿下这个面试的动力。这也就是汗在课程结束时给他们的教导："生活中的每一个困难都带来一次机会。什么意思？问题和困难就像是个洗衣机，同学们，他们会拽着你打转，会打你、洗刷你，但最终等你经历过这一切，你就会变得更干净、更耀眼、更聪明、更闪亮。"

***

说英语和个人性格的建立有什么关系？和个性发展又有什么关系？关系大了。英语口语班可能是大多数印度年轻人唯一被要求表达自我的地方。对于一个主张填鸭式教学的社会，突如其来的自由可能会带来奇特的变化。

其中之一就是个性解放。说英语不仅将你和世界上另外5亿说同一语言的人联结起来，也能开阔你的思维和整个世界观。所以穆因·汗对来上他课的学生们的期望不是学英语，而是用这种语言去思考——为他们自己着想，跳出固有思维，大胆梦想。

有一天快要下课的时候，汗要求每个人做准备，下堂课要进行辩论。辩题是"自由恋爱vs.包办婚姻"。这带来一个奇怪的情形：班里的每个人应该都要参与辩论，但是就我了解，坐在教室一边的女生们从来没有一个跨过走道和对面的男生讲过话。虽然以英语和现代化为卖点，许多培训中心仍然保持着标准印度课堂男女分坐的传统。我去上课的第一天，就被要求和一群女孩子一起到女生等候室去。男孩子如果先到就直接进教室；女孩子则要等老师进教室之后才能依次进入。辩论那天，空气中弥漫着紧张的气氛。女生这一边可以听到大声的祷告，希望不要被第一个叫到；男生那边则是谈笑风生、互相打气。辩论开始时大家都很友善，学生们从座位上站起来，面对他们要回应的人，遵从汗的指导，在表达自己的观点之前先说"我亲爱的朋友""在我看来"，以及"请允许我"这样的话。

第一个发言的是坐在前排的一名男生:"朋友们,我们聚在这里对哪种婚姻最好发表自己的见解——是自由恋爱好,还是包办婚姻好。每种婚姻都有自己的长处与缺点,但我认为自由恋爱比包办婚姻更好。我确实需要家庭的支持,因为我的余生都要和家人一起度过,但我和人生伴侣一起度过的时间是更多的。"

这个观点受到了对面一个女生的猛烈反击:"在我看来,包办婚姻更好。自由恋爱像烛火一样,会燃烧并带来光亮,但这只能维持很短暂的一段时间。父母比我们有更多的人生经验,他们能为我们选择最合适的伴侣。在奇坦·巴哈特的小说《求爱双城记:我的婚姻故事》里,他对爱情是这么说的:'男孩爱女孩,女孩也爱男孩,但是在印度女孩应该爱男孩的家人,男孩也应该爱女孩的家人,女孩的家人应该爱男孩的家人,男孩的家人应该爱女孩的家人,因为在印度婚姻不是两个人的,而是两个家庭的。'"

这是一个可以在印度的任何房间都争得热火朝天的话题。很快,教室就陷入了混乱。学生们全然忘了任何时候都不该说印地语,不该在别人话说到一半的时候打断,不该高声讲话,不该搞人身攻击。就在汗费力地控制场面时,两排学生站了起来,面朝对方火力全开:女生对女生吼,女生对男生吼,男生对女生吼,男生对男生吼。

"结婚前女孩子说什么东西都不要,结婚之后她们什么都要。"

"你什么意思?恋爱,和她约会,带她到处玩,两个人一起什么都做了,结果你娶了别人。他到底在说什么啊?"

"即便是包办婚姻,也可以花时间互相了解,你可以告诉你的父母你想要互相了解多一点。"

"但这也要在订婚之后,不是吗?那还有什么意义呢?"

"一两年之后,等你生了孩子,你家人就会放弃了,所以人们还是应该自由恋爱。"

"你怎么能骗父母呢?他们生了你养了你。"

"在自由恋爱里我们有自由选择伴侣:他们长什么样,怎么做事,他们有多爱你,有多关心你。"

"但我爱我的家人!"

"亲爱的,我知道你爱你的家人,我也爱我的家人,但是我有勇气说'妈妈我想和这个男孩子结婚'。"

"人们忘了嫁妆这事。在我的村子里,有很多受过教育的聪明女孩子和离过婚的、有残障的或者没什么文化的男孩子结婚,就是因为她们没钱准备嫁妆。"

"说到嫁妆,受害者可不只是女方。拿我们家为例,我有个弟弟是公务员,而我没工作。提亲的就只会找我弟弟,而不是我。

我家还要求女方给不少嫁妆。"

"我亲爱的朋友啊,是因为社会就是这样,这不是女方父母的错。即便他们自己不想,也会有很多人去找他们,告诉他们你弟弟是个多么理想的夫婿。"

"现在这个时代,我们要先理解什么是爱。美貌会褪去,性格才会永存。陷入爱河不能只看脸。"

"包办婚姻也可以有爱情。"

"印度的观念是,即便和你生活的是一条狗,你也会爱上它。"

"如果你想追求自由恋爱,那就去吧!"

"我会的!"

***

1991年,"英语口语美国学院"在北方邦密拉特开了第一家培训机构——同年印度向世界打开大门。在那之前几年,维克拉姆·P.兰巴,一个来自密拉特的20岁小伙子,没有通过印度军队一个初级职位的面试。他虽然通过了笔试,体检也合格,但就是因为英语太差被刷下来了。"就是在面试的时候,兰巴先生意识到和城里教会学校的学生相比,来自印度北部小城镇的学生们多么没有竞争力。当时,北方邦和哈里亚纳邦公立学校的孩子们直到六年级才开始接触英语。兰巴先生发现没有人为他们这些人做任何事","英语口语美国学院"的 CEO 阿默德·库马尔·巴拉德瓦杰说。而他口中的维克拉姆·P. 兰巴是他的老友,也正是学院的院长。

巴拉德瓦杰在"美国学院"总部那间宽敞的办公室坐落于一条满是培训中心的街道中部,这些培训中心中有三家属于"美国学院"。在密拉特这座 100 万人的城市里,"美国学院"一共开了七家分校。巴拉德瓦杰告诉我,自从 25 年前第一家培训中心在这里开张,"美国学院"已经培养了成千上万的当地学生。"2003 年,我们在密拉特举办了一场庆典,邀请所有以前的学生来参加,结果来了 30 万人。"

"美国学院"1991 年建校的时候,只有一间教室。兰巴把已经移民美国的软件工程师弟弟拉来帮忙,建立了一个"训练模块",声称反向解构了美式英语。"那时就流行这一套,所以他们也打出这样的品牌宣传",巴拉德瓦杰说。品牌的标识是他们第一届的某位学生设计的:星条贯穿"AMERICAN"(美国的)这个单词。生意就这么做起来了。

巴拉德瓦杰 1995 年到这家公司工作。他来到密拉特的"美国学院"教书时,培训机构已有 5 个班级,每个班 12 名学生。"美国学院"开设为期3个月的基本英语交流课程，学费300卢比。"那时候没人相信，你能在3个月里教会一个人说英语，我们也知道这绝非易事。一个连字母都不认识的学生，你怎么教他说英文呢？课程开始的时候，我们就告诉陪孩子来上课的家长，我们不教他们语法，只教他们怎么用这门语言。我们通过讲故事的方式教他们英语口语，故事里还夹带着当地方言，力求贴近学生。"学校的一切都要适应当地的风俗习惯，包括设立男女分开的等候室。"在把女儿送来读书之前，家长们通常会先过来看看情况，保证我们学校的环境不会带来麻烦。女生可以和男生讲话，但最好还是在教室里，在有老师监督的情况下。"

这种现代与传统交汇的模式似乎是可行的。最近的统计数据显示，"美国学院"在印度北部一共有325个分支机构，大多数是由以前的学生管理的。"他们每年要付20万卢比才能挂我们的名。"巴拉德瓦杰不厌其烦地强调"美国学院"不是一个商业帝国，更是一个社会服务机构。每次我提起利润或者收益，他都很不高兴。他说，他估计印度整个英语产业——"培训中心、图书、接线中心培训、GRE/TOEFL课"——价值大概有"几千亿"卢比，在这个大背景下，他们公司从分支机构那里获得的6.5亿卢比的收入都是小钱。他说，驱动着"美国学院"发展的是，公司在一个一眼望不到头的产业中抢得了先机。"调查显示，只有1.3%的印度人精通英语。未来还有很长的路要走。"

***

上了两个月课后，穆因·汗向学生们宣布他们已经掌握了足够多的英语口语。他们学习了"would"的几种用法——"will的过去式（他说了他会去［He said he would go］）、表达愿望（我想要和你说句话［I would like to have a word with you］）、礼貌的请求（你可以帮我做件事吗？［Would you be able to do this for me?］）、希望（我以为你会来的［I thought you would come］)"；他们还学习了你可以"得到"（get）某物，以及"让"（get）某人做某事；一组过去式不是加"-ed"的常用动词（比如"leave""shoot"）；以及你"必须"（must，此处"不表达可能性，而是和'have to'用法相同"）在与人见面时表现出"十分荣幸"（great pleasure），并且"从心底里"（from the core of your heart）感谢他们。

我惊讶于他竟能将英语口语包装成一捆蓄势待发的箭。上了几周他的课，我还是没能抓住汗教学方法背后的逻辑——这一秒他还在讲及物和不及物动词的区别，下一秒又列出了握手之前要说的五个要点。但他一直坚持这种方法，坚信等到这 50 名学生离开"美国学院"的时候，他们可以应付大多数需要讲英语的场景了。

这种自信不是穆因·汗独有的，而是驱动英语口语这个车轮的信念之轴。不然谁能理解英语口语书上那些日常用句的归类呢？据《简单完美的印地语—英语口语课程》所讲，一共有五种句子：惊叹（你好！好的！哦，我的天！），命令（看这儿；走开；停车；别迟到；别管闲事），What 即什么（今天演什么电影？你做什么工作？晚饭菜单是什么？），How 即怎样（你好吗？你太好了！你多大了？），以及否定（别抽烟；我不知道；我们今天没迟到）。日常英语的最后一部分，是一些为读者们可能遇到的情景准备的句子——我已经吃过早饭了；学校明天也关门；她是个善良的女人；你什么时候来看我们；今天是节假日吗；你们提供什么食物；我们家孩子没有你们家的淘气。

这方法对不对放一边，反正它是有效的。否则这些书也不会被码在商店一角或是放在大卡车上叫卖；像"美国学院"这样的公司也不可能从 1991 年只有密拉特一家培训中心，开到 2015 年全国有 550 家。这 25 年里，"美国学院"的毕业生一定有成千上万人，他们中的大多数都是全家第一个会说英语的。同时期对于英语口语产业扩张的粗略估计也显示，像这样会讲英语的第一代人数以千万计。

数量上的巨大增长意味着：当"美国学院"班上的50名学生走入社会，他们很可能会碰上其他从书本上或者在培训中心学习了英语口语的人。他们跟同事、服务生、客服经理所说的这种英语将决定这个国家未来的语言，以及世界范围内英语的未来。在下一个十年里，印度有望拥有世界上最多的英语使用人口（超过美国），他们所说的英语将成为未来的英语。

一名19岁的年轻人在WittyFeed上做内容的时候，她不担心语法是否正确，只关心够不够劲爆，能不能说到点子上。一个活动可以"把事情解释清楚"（drive home a fact），也可以"为我们解释事情清楚"（drive us home to the fact）。只要WittyFeed的读者会点开看，谁关心语法对不对呢？

在穆因·汗的教科书里，说英语只有一条规则：大胆说，像规则是你定的一样。这是他每次课程结束时候都会说的座右铭，也暗暗反驳了据说是甘地提出的"说英语是被奴役"的说法。他告诉学生们，重要的不是会用英语说多少话，而是怎么说这些话。

在他的村子里教了三年英语口语之后，汗到兰契一家大型IT公司的接线中心面试。他们并不欣赏他的英语——"母语的影响太明显了"。但时至今日，汗很高兴那天面试没能如他所愿。被拒之后几个月,一个朋友推荐他应聘"美国学院"在兰契第一家分校的教师职位。他进行了电话面试。"他们让我列出我可以用英语说的话题,我列了100条——我的妈妈、我的家人、我的童年、我的生活、我的梦想……"

工作在手,汗带着一套西装、一条领带和一双搭配正装的皮鞋来到兰契,整套行头都是从村里一个开裁缝店的朋友那儿借的。"我把自己打扮成一个要在'美国学院'教书的人的样子,"汗津津有味地回想起自己的外形大改造,当时他还留了法式小胡子,"人们脑海中对于说英语的人有一个既定的形象,如果我不符合这个形象,他们就很难接受我是教英语的。我的邻居一直不相信我是做这个的,直到有一天早上他看到我穿了上班的行头。"

汗已经在"美国学院"待了七年:如今他已经从讲师晋升成"教学主任"。他的第一堂课从早上7点开始,最后一堂在晚上11点结束。我表示这个工作时间太长了。"我也知道,"汗说,"但这给我带来快乐。现在我的学生有的在美国,有的在英国,有的在沙特阿拉伯,有的在IIT(印度理工学院)、IIM(印度管理学院),还有20个是PO(银行的实习职员)。是这些激励我继续工作的。"

汗告诉我说,他知道他的英语口语会让人对他另眼相看,并利用这一点"展示自己的地位。不管我在印度哪里,我心里都觉得说英语给了我面对一切的勇气。不管是在公交车上，在机场，还是在银行，我总能吸引别人的注意。我在德里的时候觉得很自信，我觉得高人一等，因为90%的印度人都想要会说英语"。这也意味着他再不能回去过普通人的日子了。会说英语成了他的超能力——"不管我去哪儿，人们见到我都很激动。当我回到我的村子里，人们就会到我家来听我说英语，'Kuch bol ke sunao na'（说几句英语）。被当作像歌星或者舞者一样的人挺尴尬的，但我还是会随便说几句满足他们。"

我们之间的大多数对话发生在接待处后面的一个预制房里，他把这当作办公室用。每节课之间他基本没有休息时间，但他倒是不介意我课间进来打扰他。汗平常没时间交朋友，而且我觉得他还挺喜欢跟我聊天的，因为我可以和他用英语聊他感兴趣的事情。当然了，也没有什么东西比英语更让他感兴趣。我们俩还是有共同点的：我们的职业生涯都是通过语言建立起来的。因此，我们会用英语聊英语对我们人生的重要意义。除此之外，汗对于我生活的其他方面并不太关心。我给他发过我写的文章的链接，但他只读过一篇关于奇坦·巴哈特小说的书评。我在文章里提了一些意见，我认为巴哈特对于那些他反复描绘的主人公——雄心壮志的印度年轻人——越来越不了解了。但汗从来也没有对此观点发表他的见解。

他说话的时候总会环顾四周,目之所及堆满了影响他人生的书籍——《古兰经》、Rapidex英语短语、励志演说、肢体语言、自我完善。对学生来说,汗身上所展现的不只是知识,还有智慧、修养,以及人能战胜自身最大恐惧的那种绝对信念。十年前,汗想变成和他的英语老师一模一样的人;如今,他的一言一行又被成百上千的学生当作实现梦想的钥匙,观察着,模仿着。

***

"当你意识到你的能力是什么,你就无往不胜了。我已经意识到我的能力是什么",阿努普·库马尔(Anoop Kumar)说。他是这个班里最勤奋的学生,来得最早,每天都坐在前排的同一个座位上,也总是第一个举手回答问题。自从五个月前走进穆因·汗的教室,他就开始执行一个任务:"我可以扫描出别人身上的天分,然后把它转移到自己身上,最近我在扫描穆因先生。我想要成为他。"我花了很多天才找到和他独处的机会。根据男女交往原则,汗建议我不要在课后找他,不然可能会让他"有想法"。早到然后在教室里等他也不现实,因为我得和女孩子们一起等到上课时间才能进教室。最终,在我的多次请求下,汗同意亲自帮我给库马尔带个话。第二天,我来到女生等候室,看到库马尔一个人坐在前排的座位上。他说,汗带的话让他搞不清状况,但是能被挑选出来他还是很高兴的。"他告诉我你想跟我聊聊我自己,我很激动。昨天晚上我给好多朋友打电话,告诉他们这件事,我兴奋得睡不着。"库马尔像说悄悄话一样告诉我。

这不是我第一次和学生私下聊天了。我之前还和班上的几个女孩子一起出去玩过——两个坐在后排的女生把我抓到她们摩托车的后座上,带我到一个黑漆漆的酒吧里一醉方休。在喝醉之前,我问她们想通过在"美国学院"的三个月课程得到什么。其中一个女孩子要通过一个银行工作的面试,这样就可以把包办婚姻的时间再推迟几年;另一个想要在她的IT公司里升职,这样就可以继续独自生活在班加罗尔了。英语口语能带给她们的,是逃离。

对库马尔来说,这是个不成功便成仁的机会。这是他第二次跟着穆因·汗上"基本交流"的课了。每一次要花1800卢比,耗时3个月。"我还要再上一轮,虽然还得再花1800卢比,因为我还没有完成对穆因先生天分的扫描。"库马尔说这话时带着一种惯常的坚定神情。阿努普·库马尔就是因为听说了穆因·汗才来"美国学院"上课的。"有人告诉我他和我们有共同语言,而且会教我们如何在社会中生活。对我来说,如果和一个不理解我出身的老师学习会很困难。"库马尔三年前和两个兄弟一起从恰尔肯德邦一个村子来到兰契,想要有所成就。"我们都是来学习的。两个上了大学,一个上了中学。教育对我们而言很重要,我父亲是个农民,母亲给别人种地。"他家属于 *Koeri* 种姓[1],被印度政府划归为"最落后"的一种;他的父母把三兄弟送到兰契,希望他们不要再像上一代那样一辈子种地。

阿努普·库马尔能待在兰契的时间有限,他把每分每秒都规划好了。"我做所有事情都有时间规划。现在我的目标是在8月10日之前流利地说英语,就在我生日前一天。"库马尔说。他会在每句话后停一会儿,确保我能听懂。"我已经准备再上一次一样的课了,因为我还不能自然地同像你和穆因老师这样的人说英语。"等他完成这个目标,他就会向新目标迈进。"完成学业之后,我就要找工作了。为我的家人考虑,我要找一个能付2万卢比的公司,并且继续为我的长期目标努力,最终找到一个政府工作。"说这话的时间是2015年4月20日,也就是说库马尔还有不到四个月的时间练习说一口流利的英语。他告诉我,他会尽一切努力达成这

---

[1] 指印度东北部从事农业生产的雅利安-达罗毗荼人。——编者

个目标，他的一天就从听英语新闻广播开始。"别人听新闻是为了了解发生了什么，但我不是。你会发现新闻主播开场总是说，'晚上好，我是安基特·慕克帕德亚，为您带来新闻。'我那天在课上做自我介绍时就是这么说的——'晚上好，我是阿努普·库马尔，为您带来关于我的信息。'"

对库马尔而言，我们身边的世界就是个英语口语的大课堂。而他唯一需要做的就是留心听："班上有个女孩回答所有问题最后都带一句'感谢您认真听我讲话'。现在我说完话也会带上这句了。"库马尔每天都带着一张白纸到处走，记下所有他学到的新东西，或者让他好奇的东西。我们讲话的这天，这张纸已经记满了。左上角写着"should"（应该）："在课上，老师教我们如何使用'should'。我在努力用它造句。"

就像17岁时的穆因·汗一样，库马尔只把那些可以和他练英语的人当作真朋友。他最好的朋友是一个愿意整晚和他讲话的人——那是8个小时不间断的英语口语练习。"今天早上，我一个在邮局工作的朋友问了我这么个问题——'忽视'（ignore）的反义词是什么？我不知道答案。我可以用两三个词回答他，但不知道反义词是什么。我查了词典，正确答案是'注意'（notice）。英语可真不简单。"

我第一次注意到阿努普·库马尔，是他在班上做自我介绍的时候。库马尔有一次说，等他学完英语口语，找到合适的工作之后，他就想去"激励别人"。我们进行这次谈话的时候，我开始理解英语口语对于印度巨大的"励志"市场的魅力。如果你会说英语，别人就会听你说话。如果别人愿意听你说话，你就能让他们接受你的建议，不管是如何学英语、如何交朋友，还是如何减肥。

英语就像魔法一样。"科学开发"的英语训练机制就是这样进行市场宣传的：英语魔法、英语咒语、英语魔法咒语。那些在晚间电视购物节目里兜售各种稀奇古怪玩意儿的推销员，都像是阿努普·库马尔的翻版。

> 我是个推销员。我的顾客之前从来不听我讲话，我的老板总是骂我。
>
> 以前从来没有女孩愿意跟我讲话，因为我一句英语也不会说。
>
> 我老公以前从来不带我去他的工作聚会，因为我让他感到丢脸。

所有问题的解决办法，都是一剂名为英语口语的灵药。现在推销员能卖出公司的宽带了；大学生被他的梦中情人邀请去喝咖啡了；新媳妇则成了老公的骄傲。总而言之，只要你学会说英语，你既可以用它来改善自己的生活，也可以靠教别人如何改善生活为生。

人们甚至会花钱听你说话。

***

励志演说是23岁的桑托什·德夫·塔库尔的生计。我是从兰契一位在英文报纸工作的朋友那儿听说他的。我朋友的工作就是寻找城市里发生的任何放之四海皆"酷"的事物——线上约会、文身馆、骑摩托车的女人——然后写一篇夸张的文章。从水烟吧到下一场大型时装秀的面试，他总是在很酷的地方报道很酷的事情，他也结交任何他觉得有用的朋友。所以他建议我去看看桑托什·德夫·塔库尔的Facebook主页时，我立刻照做了。主页上满是励志界大佬说过的格言：

师傅领进门，修行在个人。——中国谚语
成就的唯一途径是热爱自己的事业。——史蒂夫·乔布斯主页上还有桑托什·德夫·塔库尔本人的海报，其他站在高处对着层层波浪或者站在山峦之巅，配上他自己的原创格言（至少他的追随者认为是他的原创），证明了 Photoshop 的法力无边。

永远不要让别人阻碍你的前程。把逆境转化成优势。
塑造你人生的不是客观条件，而是主观决定。
登山虽然困难，但美景一定在最高处。

他在海报、视频、偶尔的 Facebook 更新中所表达的并不限于成功的技巧，也有很多对人生的深思。主题从金钱与财富的不同（"心静如水的人才富有"）到追求幸福（"我们在哪里寻找幸福——工作、升职、一些远大而我们还没拥有的东西"），很丰富。我第一次和塔库尔见面时，他刚满 24 岁。听了他的故事之后，我觉得这就好像是我编的一样。他的故事和穆因·汗在励志课上讲的个人历程、试炼和成功简直一模一样。

贫困：塔库尔的父亲为兰契公共工程部开压路机，他们一家六口住在一间办公室里，用石棉打隔断分区。

决心：塔库尔 14 岁时卖掉了祖母的金吊坠，开了一家物理和数学培训中心，开始攒钱。

逃离：对穆因·汗来说，英语口语教室是逃离的窗口。对塔库尔来说，是去一个没人认识他的新地方。他高中毕业时已经攒了足够的钱去邻近的奥里萨邦的布巴内什瓦尔读一个私立工程学院。他离开了，决心永不回头。

学习：接下来的四年里，桑托什·德夫·塔库尔自学了所有在其身处的世界取得成功需要的技能——英语口语、销售、市场营销、企业家准则。他开始读励志书籍，一口气读了几百本"吉姆·罗恩、托尼·罗宾斯、尼古拉斯·詹姆斯"。

他读的第一本书是希夫·凯拉的《你能赢》。这本书在1998年首次将励志自助这个门类带到印度英语中。塔库尔那时刚刚加入一家网络营销公司，为了能在新城市维持生计。"在印度，每个加入网络营销公司的新人都会拿到这本书。"我问他为什么一定是这本，他说："因为希夫·凯拉了解我们的需要。很多外国的励志作家并不了解，他们觉得会说英语、有自信是理所当然的。但凯拉从这些事开始讲起，他的书里有三章都是关于建立自信的。"

也许正因如此，这本书才被翻译成了各种印度语言，并大卖250万册。[1] 也正是通过《你能赢》，塔库尔学到了最基础的英文。

---

[1] http://www.thehindu.com/society/motivational-speaker-shiv-khera-on-the-need-for-self-help/article19103320.ece

"那时候我的重点不在语法上。"他只希望能用英语表达自己的想法。年轻的男生们在他的大学宿舍里喝着廉价的朗姆酒谈论印度政治时——具体来说，就是国大党如何毁了他们的国家，让他们这样的人毫无未来——谈话总是被那些能用英语表达自己观点的人主导。"我也开始读我们国家的历史——有关印巴分治、甘地、巴基斯坦的书。过了一段时间，我就可以站起来用英语说出一些事实，比如独立前后印度的 GDP。"他的这些"事实"，和那个对国家出离愤怒的工程学院学生维内·辛格尔创建的网站上引用的"事实"没什么分别。和那些剑指火星的骄傲的爱国者一样，这时的塔库尔也意识到，他应该成就一番大事。又过了一年，他拿到了中级软件工程师资格，也获得了加入 IT 公司的机会，人生一帆风顺。但是过度的励志摄入搅乱了他的头脑。"谁想做个凡人啊。"

塔库尔告诉我，他爸爸曾经也很叛逆。14 岁的时候，老塔库尔被退学了，于是就离开了家。塔库尔的祖父在比哈尔乡下拥有一座荔枝园，也觉得儿子没必要对一个普通的学校老师唯命是从。所以，当年只有 14 岁的老塔库尔跳上了荔枝卡车，到兰契找了学校入学。他放弃的是一个做庄园主的稳妥未来；而他选择的则是一种更为大胆的新生活——受教育、做公务员、拿退休金。

然而，对他儿子来说，这一切不能更无聊了。如果他拿着平庸的工程师文凭，在一家平庸的公司找份平庸的工作，他就会成为饱含着印度中产欲望的平庸之海中的一颗水滴。于是，他听从了励志大师的建议，坐下来写了两列平行的清单：他擅长的事和他想做的事。"以前我和我培训中心里的孩子们聊天的时候，他们会来告诉我，我跟他们说话会让他们感觉很好，我对他们有积极的影响。这就是我擅长也想要做的事。"塔库尔就这样找到了他的使命。

凭借着他在布巴内什瓦尔的培训中心建立起来的能说会道的名声，他开始向工程学院提供服务。他提出一个想法：他来给学生们进行人生和职业指导，学校付5000卢比。光是布巴内什瓦尔就有40所私立工程学院，全印度大概有几万所。他们中大多数的入学费从几百到几千卢比不等——对于几百万没能"撬开"位于金字塔顶的印度理工学院大门的学生们而言，计算机工程学位是唯一一个帮他们实现由IT行业撑起的印度梦的机会，这些工程学院的商业模式就依赖于学生们的这个梦想。

塔库尔所能提供的，是让这个模式变得更容易。"我告诉学生们，他们用不着做打工仔。我向他们介绍线上商业、创业公司，以及不做循规蹈矩的事情的前景。"有时他会和他们分享自己从一个从未上过学的10岁小男孩那获得的信条："我走进一家槟榔店，找那个看起来管事的小孩买烟。他之前在外面扫地,听了我的要求后还在继续扫。我在那站了五分钟,等得不耐烦准备离开。走之前我问他,'你本可以把那根烟卖给我的,不介意少赚5卢比吗?'他回答他说不在意这些小钱。他把手划向空中说,'你看,满世界都是钱,你只要知道怎么接住它。'这是我从别人那得到的最好的忠告。"

我第一次见到塔库尔的时候,他刚毕业一年。他穿梭在各个小镇的工程学院,教那些还没醒悟的学生们如何接住飘在空中的钱。他通过这些在 Facebook 上收获了一众粉丝。那些制作精良的海报也是留住这些粉丝的办法之一。

> 开始再早也不算早,同样地,重新开始再晚也不算晚。
> 如果你一直等待最好的时机,那就什么也做不成。

从 2014 到 2016 年,他一直在 WhatsApp 上跟我更新他的动态,主要就是他在从比哈尔邦到哈里亚纳邦的某不知名工程或者管理学院给学生们讲演的照片。2016 年末,我终于在德里见到了他。他到城里来领奖——"年度新锐励志演说家"——颁奖者是一家教育杂志。

第二天我在一家叫"咖啡日"的咖啡馆见到他的时候，他看起来并没有受到荣誉的影响。过去两年里，他胖了不少，这是成功的标志。现在他是布巴内什瓦尔一间注册公司的老总了，手下有70名员工。有人做内容，有人给学校、学院和小公司打电话推广服务，也有人代表他去演讲。现在他去学校演讲的费用是25 000卢比，去公司65 000卢比。他告诉我他花了很多时间思考人生，发展他自己的思想。"过去我是从别人的书和视频里获取我喜欢的东西，现在我有自己独创的想法可以分享了。我现在上台，就带一张白纸。讲了两三个小时以后，我会把这张纸拿起来给大家看，上面一个字也没有。"我问他是否还在练习英语口语。他能流利地说英语，但时不时会出错。他说如果他再打磨自己的英语，就会失去和目标受众的联系。"每当我结束演讲，他们告诉我的第一件事就是，他们很喜欢我能用和他们一样的口音，说和他们一样的语言。"显然，奇坦·巴哈特的这一代读者已经到达了他的起点，并且正在用他的成功法则抓住同一个市场。

塔库尔最近成了执政党印度人民党青年团的邦内协调人，这似乎是顺理成章的。他和维内·辛格尔因为同样的原因被纳伦德拉·莫迪吸引。他说，总理和他一样是白手起家的企业家。"你读过他的传记没有？他是九十年代初唯一一个用笔记本电脑的政治家。他了解青年人在政治中的重要性。"

塔库尔说他是帮助印度人民党赢得年轻人的关键人物。作为印度人民党2014年全国大选的"校园大使",他鼓励了成千上万的学生注册成为印度人民党成员。做到这一点,对他而言并不困难。在他看来,左右政治选举和网络营销的原则是一样的。他说,在这两个领域里,想卖出一件产品,靠的不是生产者或者消费者的情绪,而是销售者的情绪。作为要将纳伦德拉·莫迪的思想卖给年轻人的销售者,桑托什·德夫·塔库尔对于这个产品很有热情。和我在小城镇见到的其他创业者一样,塔库尔也不想搬到大城市去——那里竞争者太多,交通也太拥挤了。"我不喜欢等",他指着在咖啡馆等待结账的队伍说。在布巴内什瓦尔,他已经是个不需要排队做任何事情的大人物了。

他在布巴内什瓦尔有车有房,但他在兰契的家人对此不以为然。"他们不理解我在做什么。有的时候我会告诉他们我现在能赚多少钱,但那也没用。我在布巴内什瓦尔住了八年,他们一次都没来过。"塔库尔对于家庭的看法和所有的印度男人一样。他想赚很多钱,为的是给家人优渥的生活条件;他想要变得成功,为的是让家人以他为傲。但和维内·辛格尔不同,塔库尔还没能说服家人抛弃原来的生活,加入他创造的新生活。想要让自己在家人眼里成为大人物,他需要在自己的老家变成大人物。他对于成功的标准变了,但他的家人没有。自从他搬到这,他们还没有离开过兰契,甚至他去德里领奖的那晚他们也不在。"观众席中没有一个人在我成名之前就认识我。"塔库尔决心从现在开始解决这个问题。明年他将在老家举办一场有史以来最大的活动("5000人"),再找一个兰契的大人物给他颁发奖杯。

***

我再一次见到穆因·汗的时候,他刚刚在网上订了一本书——《牧羊少年奇幻之旅》,作者是爱穿高领毛衣的新时代巴西人保罗·科埃略。这本书讲的是一个拉丁美洲的牧羊少年到金字塔去,与神明交谈并发现了"世界之语"的曲折故事。在印度,这是一本常年畅销的书,每个小镇的每条街上都有卖;如今这本书仍然在全球最大的励志书市场上,启发着成千上万人去追求梦想。即便是维内·辛格尔这样不怎么读书的人都读过这本书,至少从他墙上的许愿精灵来看是这样。现在穆因·汗计划强迫世界让他梦想成真。在我上完"美国学院"课程的五个月之后,穆因·汗离开了这个口语帝国,开设了他自己的英语口语和励志指导中心。他给学校起名叫"Lingo"(行话)。他所拥有的资源不及"美国学院"的一毫,但他拥有这个行业最重要的技能:"我可以让任何人开口说英语。"汗现在和前总统卡拉姆一样,说起话来全都是励志格言。

赚利润比赚工资好。

如果上帝能够喂饱街上的一条流浪狗,那他怎能看着我活活饿死?

汗一直处于一种打了鸡血的状态。我问他过得怎么样时——那是我们时隔一年多再次见面——他说"好得不得了"。不是还行,不是挺好,连很好都不够。他的新办公室确实是个进步——更大、更明亮、装修得更好,连他的教室都没有原来那么令人压抑了。他还是从早上 7 点就开始工作,一直到晚上快 9 点,教六个班总共近 300 名学生。他向我展示了 Lingo 的课程,这反映了他精力充沛的头脑。学生们不再为单词的用法记笔记了,他们被要求参与各种有着奇怪名称的活动:电椅、记者会、速必达、演习,以及面谈。入学的时候,他们还可以选择英语口语以外的一系列附加课程:站姿、坐姿、自我信念、自我形象和开发内在能力。他说,他最近读了很多书,部分课程来源于 19 世纪印度教思想家辨喜

（也叫斯瓦米·维韦卡南达）对于"个性塑造和个人培养"的教育。

英语口语中心最主要的承诺就是将失意者变为人生赢家。在Lingo，穆因·汗想要把他的学生们培养成"优秀的人"。成立Lingo之前一个月，他创建了一个名为"穆因——人生导师"的新Facebook主页，想要验证他作为职业励志演说家的吸引力。500人——大多为他之前的学生——立刻点赞。一年以来，汗每天都在主页上传一条励志的想法。

> 恐惧是最大的敌人，在它杀死你之前把它杀死。
> 你的人生能走多远，要看你的眼光有多长远。
> 不冒险是人生最大的危险。

主页上还有他在兰契版国际演讲会——一个特许经营的演讲热爱者俱乐部平台——上演讲的视频。他花15英镑买了半年的会员资格。俱乐部的12名会员每周日在一间医学院的教室见面，每人选择一个话题进行7分半钟的演讲。他在俱乐部里最初进行的演讲之一题为"是的，我们可以"；他的追随者们最喜欢的一场演讲叫"不要告诉你的梦想困难有多大，告诉你的困难梦想有多大"。

在评论中，人们写下他们如何受到这些视频的启发，要去追逐自己的梦想。像桑托什·塔库尔的目标受众一样，人生导师穆因的追随者也对他说英语的方式有共鸣：简单的词汇和浓重的口音。而穆因·汗也向来能理解他的受众，如他所说：

> 鞋哪里磨脚，只有穿的人才知道。

再过一年，汗准备开始一段新的职业生涯——付费励志演说家。未来五年里，他想要周游世界传播自己的智慧。但在他关于未来的所有计划中，他从未想过要搬到兰契以外的任何地方去。"我的市场就在这，我为什么要到别处去呢？"

> 我不想竞争（compete）——我只想成功（complete）。

汗说他不想离开这里的另一个原因是，他不喜欢大城市那种匆匆忙忙的气氛，而且，"如果所有人都去了纽约和伦敦，那谁为印度工作呢？"和"小镇青年"维内·辛格尔一样，塔库尔和汗从未将成功与他们为此所走过的漫长旅程分割开来。每当塔库尔回到兰契老家的时候，他都会去看一所破旧的房子，他贫困的童年就是在那儿度过的。"我一个人在屋子外面一坐就是几个小时。它能让我感受到我走了多远。"他还要求父亲留下一辆老旧的自行车，最初，他一直是骑着这辆车去送报纸的。

我们在穆因·汗的"美国学院"课堂上学到的一点是，没什么是比忘记自己来自哪里更大的罪过。他在总结"曾经"（used to）这个词的用法时，给我们讲了一个故事，生动地诠释了这一点。故事说的是他老家的一个朋友成功在孟买站稳了脚跟，然后就看不起老家的平淡生活了。"'别总是坐井观天了，让我带你们看看外面的世界是什么样吧'（*Aao kabhi aao, dekho duniya, zindagi kya hai, kuen se baahar aao*），每次回来他都这么告诉我。终于有一次，我到孟买去出差，决定借机接受他的邀请。我钱包里有他的地址，所以我就到孟买去找他。"汗对着下面聚精会神的观众们点点头，说他循着这个地址来到了贫民窟。他的描述十分生动，并富有细节——路太窄了，对面的人走过来得把你举起来，放在他身后才能过去；他脚下的路从"颠簸"到"泥泞"再到"污秽不堪"，说的时候还不忘顺带讲这三个词的区别；房子小到孩子们被包在床单里，用钉子挂在角落里。最终，汗找到了他的朋友："我看着他为了在孟买这样的城市活下来要做出的妥协，问他说，'你怎么能住在这种地方呢？'他回答说，'我有什么办法！我已经习惯（become used to）这样的生活了。'"汗的故事讲完了，他对于学生们的一脸惊愕十分满意。"这个故事是真的吗？"坐在前排的一个女生问。"每个故事都有真实的成分。"汗狡黠一笑。

***

一个印度人可能同时热爱英语——一门外国语言，和他们的祖国吗？这可能是国际化的印度人面对的最棘手的困境。你需要说英语才能成功；然而一旦熬过了学英文的阶段，你就不只想要成功，还想要有动力——但就像穆因·汗所说，如果你不能为了比自己的未来更大的目标去奋斗，那励志的目的是什么呢？他认为想要激励一个人，归根到底是要激励他为了国家而奋斗。但如果你仍然被前统治者的语言所奴役，又谈何对国家的忠诚呢？

在德里一个名为"如果变成有钱人"的励志研讨会上，我所听到的最偏激的批评就是英国人给印度人的血液里注入了慢性毒药。32岁的沙赫纳瓦兹·乔杜里眼里冒血，说出了18世纪印度人的愤怒："你有什么资格做我们的主人？你凭什么到我的国家来？"坐在这个位于德里中心租用的会议室里的听众大约有50人，都很年轻；其中只有两位女性。和我一样，大家都是在早报上看到这个活动宣传的。乔杜里看起来很有活力：个子很高，体格结实，穿戴也很讲究。他黑黝黝的脸上总是带着愤怒，声音如雷。台下的听众还沉浸在一片惊叹之中，他又继续给他们讲印度光荣的历史、勇武的君王——普拉塔普大君、希瓦吉、旃陀罗笈多·孔雀，以及富庶的王朝。他提醒观众他们的国家曾经拥有世界上最顶尖的大学，名叫"古鲁库"[1]。这些学院在医学、管理、科技领域的教育和研究启蒙，让印度成为全世界歆羡的对象。他说，如果我们不相信，只要上网查查印度的历史就知道了，"去 Google 一下"。

英国人是怎么毁了这一切的呢？"他们解散了古鲁库，建立起了学校和大学。他们给我们课本，让我们说英文。"为什么要这么做呢？"他们发明了一种考试无尽、扣分不断的教育模式，这样即便他们被迫离开，印度仍然在其统治之下，但统治者却是印度人自己。"作为一个想象力极其丰富的人，乔杜里生动地描绘了英国议会里的场景——殖民教育体系的设计师麦考利勋爵，幸灾乐祸地搓着手，把计谋告诉跟他一样心术不正的同事。

他继续说，正因如此，英国人离开印度七十年之后，印度人

---

[1] gulukuls，印度古代教育制度，学生和老师住在一起，一同学习。——译者

还是被自己人奴役着——先是做学生们时被分数分成三六九等，然后是做雇员们时靠工资和奖金被评估。乔杜里扫视了一圈整个房间，然后宣布所有的听众都是奴隶。这些人还有救吗？"你们得学会掌控自己的未来。别指望这世界给你一分一毫。"他告诉他们，想要白手起家不需要学历、经验、资金，不需要任何资本。"别听他们说要先有钱才能赚钱的鬼话。"他们唯一需要的就是一个梦想。"不是那种睡觉时进入你脑海的幻梦，而是那种让你睡不着觉的梦想。现今我们最大的问题是梦想往往演变成了欲望。欲望是什么呢？是一个没有火花的梦想，你的梦想里得有火花。"

没有哪个梦想比成为有钱人更值得追求，他说。而想达成这个梦想只有一个办法：做生意。"做好一份赚工资的工作是个微不足道的目标。那天我看新闻里说，87% 的 IIT 学生想要进公司工作。这是我们的悲哀。"当然了，他说，他们做错的第一件事是上了工程学院。"他们中的大多数想要去微软工作。微软的老板是比尔·盖茨，他上大学了吗？亨利·福特上大学了吗？"他告诉屋里的听众，所有赚了大钱的人都有远大的梦想。"如果你想达到你从未达到过的成就，那你就要做好准备，做从未做过的事情"（*Agar woh paana chahte ho jo aaj tak nahin paaya toh woh karna padega jo aaj tak nahin kiya*），乔杜里说这话的时候已经怒火中烧。只有这样，印度才能成为一个"富一代"的国家,他说。

如果你无法靠自己到达目的地,你总可以让整个宇宙来帮助你,乔杜里又重复起了保罗·科埃略的允诺。"我是怎么做到现在这么成功的?就是相信自己。每当有人质疑我能力的时候,我就告诉自己,'继续努力吧,朋友,你马上就会创造历史。'"

在演讲的最后,乔杜里告诉我们说,想赚大钱也得舍得花钱。他的九日课程售价 55 000 卢比,授课内容包含"有钱人是怎么赚钱的"和"阻碍你赚钱的是什么"等话题。我不确定他的这些建议能否改变屋子里 50 个人的人生,但即便只改变了 5 个人的命运,乔杜里都会是成功的。他计划在未来的十年里获得足够的影响力成为印度总统,这样他就能为国家服务了。除了教人们赚钱,他还在德里的另外一个地方上一套完全不同的课,教人们"如何在竞选中获胜";课程短则几周,长则一年,学费从 15 000 卢比到 10 万卢比不等。从 2006 年乔杜里第一次在报纸上做广告开始,他的学校已经培养出八届胸怀大志的政治家了。

作为北方邦阿姆罗赫一名中层公务员的儿子,乔杜里 14 岁的时候一心要长大成为印度总统。他告诉我说,从那时起他做的所有事情都是为了达成这个目标。"如果我能训练足够多的人进入政界,那当我进入政界的时候就会有足够多的自己人。如果我能让足够多的人赚钱，那不管我去哪竞选都不会缺竞选资金。"现在是在印度追求远大梦想的最佳时机，他说。他告诉他的观众们，从小时候开始，他每天晚上都会去总统府（"开始骑自行车，后来骑摩托车，现在是驾驶豪华汽车"），站在那座庄严的大楼外望着它。在入主总统府之前，乔杜里会继续向大学生和中年职员们滔滔不绝地讲以印度方式思考的重要性。

穆因·汗那个真人大小的人形立牌正在大学路上呼吁兰契的年轻人通过英语改变命运，而他本人正坐在自己的办公室里给我讲麦考利勋爵对印度造成的损害。"在印度，我们仍然很崇尚英语教学的中学和大学。如果你不会英语，任何机会都没你的份儿。"他认为，问题不只是英语这门语言在我们眼中的优越性，而是整个英语世界的优越性。"我们的文化、我们的传统，印度的一切都让我们感到羞耻。我们觉得美国生产的所有东西都是好的，我们买安利的产品，因为它是美式的。"他不也是靠着卖美式英语口语赚钱的吗？但我没有点破这一点。我知道他会怎么回答：如果不是被逼到这儿，他是不会做这份工作的。他知道自己既是人生赢家也是失败者；按照这个逻辑，印度也是如此。汗会说，英语是镇压我们的语言，用来镇压我们的，先是美国人，现在是我们自己。

和沙赫纳瓦兹·乔杜里不同，汗满足于能够嘴上抱怨抱怨现状。他可能比维内·辛格尔和桑托什·德夫·塔库尔更白手起家，但是穆因·汗没有一点进入政坛的想法。他最多是给当地的政客当家教，他们暗中想要通过学习英语进入国家级的政治圈（这也包含在 Lingo 提供的特殊课程里）。他唯一的目标就是继续扩大受众群。

我不想要成功，我想要变得举足轻重。

根据励志课程所讲，想要变成举足轻重的人物，第一步就要自觉举足轻重。汗已经做到这一点了，从他谈自己奋斗史时的样子就显露无遗。有一次我们聊到他在自己老家上第一堂课的场景，那堂课讲的是祈使句，"命令、要求、指挥，去那儿，坐这儿"。他一直都记得，有些家长听说这个新老师是谁之后就让孩子从培训中心退学了。重新讲起这个故事时，他完全没有任何自怜自艾的感觉。

不管去哪儿，穆因·汗都会一直教英语口语。抱怨了五分钟麦考利之后，他又走进 Lingo 的教室上下午的课。他问学生们今天下午感觉如何，学生们则齐声回答"好极了"。时间倒回我刚开始在"美国学院"和穆因·汗聊天的时候，他有一次告诉我，每当他走进教室开始说英文时，他所感受到的那种兴奋之情从未消逝。"当我说英语的时候，我的内心在歌唱，就连现在我和你讲话的时候也是如此。"

参考书目

Rashmi Sadana (2012), *English Heart, Hindi Heartland: The Political Life of Literature in India*, University of California Press.
Shiv Khera (2014), *You Can Win: A Step by Step Tool for Top Achievers*, Bloomsbury India.
M. K. Gandhi (1938), *Hind Swaraj or Indian Home Rule*, Navajivan Publishing House.
J. K. Tina Basi (2009), *Women, Identity and India's Call Centre Industry*, Routledge.

3
疏通者

我第一次见到潘卡·普拉萨德时,他正站在我姐姐的官邸外,一手提着塑料袋,另一只手拿着手机在打电话。作为当地报纸的特约通讯员,他工作的一部分就是跟着我姐姐到处跑。我姐姐是名政府官员,负责恰尔肯德邦南部的一个"乡",底下有69个村子。作为乡发展委官员,她负责的是印度一长串行政体系中的最后一环,也是最难管的一环。我们从小跟着做官的父亲从一个职位调到另一个职位,所以深知其中的艰难。她现在有自己的官员住所了,是圈在高墙内占地不小的一片死板的住宅楼中的一间。望着这幢殖民风格的楼,我没想到的是,我姐姐并不是乡里唯一一个掌权的人。

"Sarkar",也就是政府,对于普通村民来说是个吓人的存在——神秘莫测，且难以接近。我就是在一摞摞落满灰尘的文档和文件夹中长大的，文件里那些复杂的辞令让我觉得这怎么能办得成事呢？德里的高层官僚让印度普通政府项目呈现出复杂、麻烦、不亲民的显著特征。于是印度的村民们对于国家的计划要么根本不知情，要么搞不明白。普通印度人和政府之间间隙最大的地方就是最底层，也正是这些底层的老百姓最不知道政府欠了他们什么。

乡村的治理被包装成一种城市的幻象，这种政策可能和殖民行政文化的偏见相关。身处政府高层的人仍然被看作有能力且诚实的，而那些在政府底层的则被看作没能力且不值得信任的；更何况，身处高位的行政人员们也通过了更难的考试。福利政策的实行也是个冗长的过程；它需要你精通文书，并且有足够的精力在各个政府部门之间奔走。大多数普通人都交由疏通者去处理。

疏通者通常是男人，在印度的大多数省份，被叫作"pyraveekar"。"pyravi"是个古老的乌尔都语单词，意为在政府官员面前帮人办事，这个词也很好地展现了南亚政府的本质。"pyravi"是一种艺术，要求从业者擅长多种能力：能坚持、有追求、会游说、会套近乎，最重要的是，能够建立和散播影响力。

乡村的疏通者存在的时间和任何想要管理村民的人一样长。事实上，这是印度乡村最有油水的一种职业了。疏通者不但在他的乡村社区中不可或缺，也是国家发展机器的决定性组成部分。他们做的事情和做事方法的核心部分——获取信息，和政府官员及政客建立联系，在客户中获得赞誉的方式——几十年里都没有改变。

乡村疏通者的新变化是，他知道他在下一盘大棋。他知道要靠政府维持生计，但也知道政府更需要他。他继续深入地存在于村庄的生活里，但同时也更加关心世界其他地方发生的事情。他不仅知道如何发掘他人身上对他有用的地方，也知道如何让科技——手机、电脑、互联网为他所用。他现在的工作可能只限于和乡里的官员打交道，但是他能预见到自己被任何垂涎印度村庄可支配收入的人所需要，比如企业家、银行、客户公司。他衡量自己是否成功时，不看前人设下的标准，而是看被社会承认的成功人士设下的标准。

当然了，光站在那儿看潘卡·普拉萨德是看不出这些的。他是个瘦小的男人，长长的鹅蛋脸上有一双大大的、充满好奇的眼睛，他看起来比实际年龄（24岁）要年轻得多。不过他已经尽力打扮得像一个能把事情办成的人了——精心打理的胡子，侧分的头发，条纹衬衫的扣子扣到领口，前胸口袋插一支圆珠笔，熨过的西裤，黑腰带，还有正装表。在我们互相自我介绍的前十分钟里，他就问了我一连串关于在德里做记者的盈亏问题——挣多少钱,银行里有多少钱,认识多少大人物。听了我的回答,他皱皱眉头表示不满意。

在有可能成为当地历史性时刻的一天,我来到了乡里,本来是为了采访一个故事。尼赫鲁-甘地政治家族的继承人、国大党2014年全国大选的候选人拉胡尔·甘地要到距离该乡只有几公里的一个露天市场发表演说。那时竞选已经到了最终也最白热化的阶段,收买该地巨大的部落票仓可能是胜选的关键。当天大约有5000人将来观看这次演讲。

我姐姐去执行安保任务。空地上一个角落已经为甘地直升机的降落而围了起来,我们三人在他直升机预计降落前一小时从乡里出发。然而三小时后,甘地却还没来,我们一直在等他。和我们一起等的还有成千上万的男人、女人和小孩,都蹲在地上,抬头望天,寻找直升机的踪迹。穿过各种人群——官员、当地领导、记者——普拉萨德告诉我,甘地如果来的话也是浪费时间。部落带早就被当作一摊浪费富矿的死水遗弃了,如今急需发展。我们所站的地方,是被委婉地称为"受影响"地区的中央;正如一位官员曾经悄悄告诉我的,"这些地方,每天都有五六个年轻人凑在一起,组建一个'毛派组织'。"这个地区反叛的年轻人想要获得的是机遇,而不是一个高高在上的元首的美好祝福。普拉萨德告诉我他们已经做了选择:他们要投票给甘地的对手,印度人民党的纳伦德拉·莫迪。傍晚时分,当地的国大党工作人员已经穷尽了对甘地家族的赞美,开始临场作诗。又过了一个小时,人群的躁动不安即将演变成骚动暴乱,国大党的志愿者终于宣布了他们早就知道的事:甘地不会来了。他们说,他的直升机遇到了故障。我转过身去想告诉普拉萨德他说得对,才发现他已经走了。他个人对国大党或者拉胡尔·甘地没什么意见,他只是认为是时候寻求变革了。六周后,印度人民党赢得了恰尔肯德邦14个议会席位中的12个,国大党一个也没拿到。[1]

***

到了2014年6月,纳伦德拉·莫迪已经在德里上位了,而我则回到了乡里,跟着潘卡·普拉萨德到处走。他代表着乡下年轻人的聪明才智。他相信,归根结底,他生来是要做大事的。而且他从很小就知道,想要做到这一点要及早计划。14岁的时候,他

---

[1] http://www.elections.in/parliamentary-constituencies/2014-election-results.html

已经付诸行动了。

我不在的一个月里，国家已经有了翻天覆地的变化。但是回到乡里，所有事情还和1930年的时候一样。每天早上10点，我姐姐的车会出现在屋顶插着印度国旗的主办公楼外。然后，原本坐在高莫哈树下的村民们，就突然开始忙活起来，好像在演一出戏。当然了，他们从来也不会费力记住他们拼了命要见的官员们的名字；乡政府里的每个职位都有简称——CO（Circle Officer，警务处副处长），BPO（Block Programme Officer，乡计划协调员），DSO（District Supply Officer，县供给官员），JE（Junior Engineer，初级工程师），MO（Marketing Officer，市场官员）[1]。乡干部主要就是靠手里的那点权力签字盖章，办事的人都要看他们的脸色。不顾乡层级频率极高的人事变动，村民们每天还是不断涌进政府大楼，为的就是两件事：加入社会福利项目，或者抱怨为什么被落下了。他们从尘土飞扬中看到我姐姐的红色汽车出现时，就会默默地想今天会不会是他们的幸运日。

她坐上黑色的高脚凳，看着面前大桌子上那张被各种颜色标记的辖区图时，外面的村民正四处奔走，找小工把他们的文件递

---

[1] 印度行政区划大致分为邦、专区、县、乡（市）、村（镇）。"block"为乡，"district"为县。——编者

进去。一旦坐进办公室，我姐姐就会立刻换上她工作的面孔：授权内部采购，批准或驳回请假单，接受各种社会活动的莅临邀请。我们的父亲总是跟我们说，世界上没有任何权力能比得上政府赋予你为它代行的权力。过了很多年大城市的生活——酒吧、夜生活、购物中心——之后，我姐姐有一天突然选择了离开，似乎是要验证父亲的话。如今，她在这个职位上干了五年，我也得以观察她是如何执行影响几千人生活的政府决策的。她的大部分工作都要和男人打交道，而这些男人却不知道如何和她打交道。年纪大的职员管她叫"先生"（Sir）；封建地主见了她也温柔几分；中介跟她讲话时看向远处，不敢直视她。

从可以有自己想法的那天开始，潘卡·普拉萨德就看中了将他放在政府和老百姓之间的工作。他受教育程度不高，没什么专业技能，手里也没钱。相比维内·辛格尔和桑托什·塔库尔这种在获得职业机遇之后意识到自己当老板能有更大成就的人相比，他的情况和穆因·汗更像，对他俩来说上学都是奢侈的。普拉萨德想要和他们一样有钱有权，但又不想离开自己的村子。

想要在一个钱权都被国家掌控的地方变得有钱有权，只有一个办法。但和我姐姐又不同，他得不到政府的授权去执行其决策。他没有参加检验他知识储备的考试，也没有参加检验他口才和自信的面试。同时，他肯定也没有钱和关系能找到进场的门路。于是他在政治上走了一条和千百万偷公家电的印度公司如出一辙的路——把他们自己的线搭在主电缆上。16岁时，普拉萨德就因为拍护照照片在村里出了名。

八年之前，当他做小包工头的爸爸一连几个月都找不到工作时，普拉萨德说服他用积蓄买了两件东西：一台电脑和一台数码相机。普拉萨德在他牢房那么大的老家的墙上挂起一张蓝色背景纸，然后宣布要制作护照尺寸的照片——8张60卢比，16张120卢比。家里人觉得他疯了，但是普拉萨德并不在乎。在村里上六年级的时候，普拉萨德缠着他爸爸要买一部手机，那时候村里还没人有手机。人们对他没抱什么希望，后来听说他在村里挨家挨户租借手机，才知道他打的什么算盘——每分钟收费10卢比。

不管你想找印度政府帮忙办什么事，其中大多数都需要上交护照尺寸的照片。只有这张3.4厘米×4.5厘米的面无表情的人脸被贴在申请表的右上角，申请才算数。这个点子肯定能成功——能在1公里之内就办成的事，谁会跑12公里到地区中心去办呢。这事发生在2006年，当时国大党执政刚两年，福利政策一个接一个出台。前一年的农村收入保障计划（圣雄甘地全国农村就业保障法，即MGNREGA）让最懒的村民都动了心，于是，所有人都需要一张护照照片。[1]刚开始，村民们走进普拉萨德的摄影间还有点迟疑，不过，几周之内在蓝背景前面照相的人——头发抹了油、脸上擦了粉——就从早到晚排起了长龙。普拉萨德拿着一张四年前的照片告诉我说，那时候拍得很差。他的灯光设备仅有一个白的日光灯，但是也没人抱怨。这标志着普拉萨德开始成为乡里的万事通。

2004年到2009年，国大党领导的政府颁布了一系列福利政策，触及农村生活的方方面面：医疗、住房、饮用水、学校、道路、儿童营养。[2]国大党决定将农村贫困人口放在所有选民的首要位置。执政期的最后一年，政府宣布了一项重大的福利政策，发放配额津贴，并减免总计千万卢比的农民贷款。[3]2009年，国大党通过和一个少数党联盟而重掌政权。他们将这看作社会福利政策的回报，并发布了迄今为止最雄心勃勃的社会福利政策——唯一身份认证项目（Unique Identification，也称UID项目）。[4]

---

[1] http://www.unrisd.org/80256B42004CCC77/(httpInfoFiles)/134916AD19B8FC29C1257EEE0056063E/$file/India.pdf

[2] 同上

[3] http://www.livemint.com/Politics/XeGU40jlsHGKrfwfJK1ccL/Govt-announces-Rs60000crore-loan-waiver-for-farmers.html

[4] http://indianexpress.com/article/india/latest-news/aadhar-takes-off-pm-sonia-launch-uid-in-tribal-village/

项目计划建成世界上最大的 ID 数据库，目标是给每名印度公民发放一个 12 位数字的唯一身份证号码，并与生物识别技术——他们的指纹以及虹膜扫描相连。这个数字身份证号码将保证福利顺利地从政府下发到居民手中。当德里还在激烈争论印度政府是否有权对他们的公民进行监视，以及现金汇款能否真的消灭中介，解决现金流出的问题时，"数字身份中心"已经开始在乡村腹地生根发芽了。

2012 年，同一个政府规定要接受某些国家福利，如农村收入保障计划的发放，就必须要有数字身份证。[1] 这在许多村庄引发了不小的骚乱。想要申请一张数字身份证，你需要做地址认证——提供银行对账单、驾驶证、食品供给卡、电费单和护照。对于生活在偏远村庄的人来说，这些文件每一个都很难办。但是政府给公民们设置的每个阻碍都提供了一条旁门左道。村委会可以给你一张申请表，你填上地址，贴上护照照片，再找村委会委员长签个字，这张申请表就变成了一张合法的地址证明。此时，护照照片不再是一张人脸的四方形复制品了，而是改变命运的法宝。"我兄弟、我爸爸，还有我，没日没夜地拍摄照片，连拍了几个星期"，

---

[1] http://www.thehindu.com/opinion/op-ed/aadhaar-and-mgnrega-are-made-for-each-other/article3599261.ece

普拉萨德告诉我。最后，他挣到了很可观的一笔钱——10万卢比。

***

让他讲自己的故事并不容易。在我定期去乡里采访的三年间，没有一次能把他抓到我面前坐下，完整地说上两句。普拉萨德对于自己的人生有清晰的认识；他就是没空细讲。在他这行里，时间就是金钱。他一般都是一边干活，一边回答我的问题——取指纹，写报告，在不同的办公室之间奔走。"我能怎么办呢，每天就是有这么多活呀（*Arre, kya batayein, bahut kaam hai aaj kal*）！"每次我嘲笑他紧凑的行程时，他都这么回答。

农村人通常分两种：除了自己的活别的什么都不干的人，以及随时随地眼里都能看到活的人。普拉萨德属于后者。乡里需要干的活确实比任何人能想到的都多。从规定上说，我姐姐的工作包括一系列职责——建设基础设施、收税、举行村委会选举，但实际上，她要处理的最棘手的事情并不在此列。比如说，当信仰不同宗教的情侣私奔时，她要负责维持各方秩序；再比如，一群大象决定一路踏过村庄回到森林里，那也是她要负责解决的（一位基层官员曾经告诉她，当地人相信，想让大象退回去的办法就是让BDO，即她本人亲手喂一只香蕉给它吃）。衡量她成功与否的标准，不只是她对于政府项目的执行情况，或者她开展了多少次选举，还有她培养百姓忠诚度及维护个人形象的能力。

如果你够聪明，读报纸就会更小心，因为没人比当地的通讯员更不靠谱了：他们自私自利。你会看到报道讲一个人做某某工作其实是为了给他们真正不能见人的工作——未获许可的酒厂，甚至敲诈勒索的行径打掩护。这背后的逻辑很简单：你知道的事太多了——贪腐、外遇、丑闻——于是别人就不敢惹你了。但普拉萨德做通讯员的原因更单纯些：他想要做个疏通者。

2008年他已经开始给一家地方日报拉订阅量了，所以当这家报纸要在他的乡里招聘一名特约通讯员时，他就毛遂自荐了。他喜欢读书写作，做通讯员之前已经在当地一份萨德里语（印度方言）的杂志上发表过好几篇文章了。这份工作月薪3000卢比，再加上他照相馆的稳定收入，是笔划算的买卖。更重要的是，这份工作为他提供了与乡里官员的紧密联系。他在各个办公室转一圈，就能拿到当天的新闻——开什么会，发布什么声明，有什么特别的项目——然后跟着他们到县里去参加开幕典礼、视察，以及日常盘点库存。我姐姐在乡里工作的那三年间，他写了几十篇跟踪她行动的报道，从田野视察到升旗仪式，什么都有。为了能撑起整个版面，他还报道了乡底下六个村子的重要活动。在卡兰，一名印度人民解放阵线的区域指挥官——土生土长的"毛主义者"——因为世仇射杀了他的亲戚。在玛拉西里，另一名印度人民解放阵线的区域指挥官射杀了在村里工作的一名和平部队的志愿者。在贝多，首席副部长在一场当地活动中说年轻人应该拿起书本，而不是端起枪，还要学会面对现实。

2000年，矿产丰富的恰尔肯德邦为了它的原住部落人口而从母邦比哈尔独立出来，而今却为分布极广的"毛派暴动"十分头疼。最开始这些人可能是被政府和跨国公司侵吞部落领地、森林和矿产资源的恶行激怒的，但暴动很快爆炸式升级，演变为各种小团体在全邦范围内开展地盘争夺战。[1]警方认为，很多年轻人不断加入这些组织是为了实现人生价值。更持怀疑论的当地观察者则认为"毛主义"越来越成为一个受欢迎的职业选择，这可能与政府用现金和额外福利奖励投降的毛派分子有关。

普拉萨德的其他报道也并不振奋人心。一名村民用石头砸烂了村委会主席的头，因为他想加入食物保障计划的申请被无视了。他报道说，在乡里，想让中介帮忙从政府经营的印度银行贷款

---

[1] http://ngm.nationalgeographic.com/2015/04/india-coal/loyd-text

15 000 卢比，要付 1500 卢比的贿赂。警方追捕两个"误入歧途"、坠入爱河并私奔的年轻人，信仰伊斯兰教的女方家庭以绑架和性侵为名起诉了信仰印度教的男方。

大多数文章我都是在 Facebook 上读到的，普拉萨德隔一天就会发一次报道链接。他不知道县里有多少人会看他的报道，但他知道他那上千个 Facebook 好友——既有当地熟人，也有完全陌生的人——是会看的。作为一个基本上没离开过村子的人，他的文章通过互联网传播得很远。在我们关于新闻的对话中（他找我订阅了我就职的英文杂志，把我文章的每行字都打在谷歌翻译里面，就这样读完了我的文章），他强调了"笔杆子的力量"。为报纸工作六年后，普拉萨德成了各个想要在乡里事务上施加影响力的群体之间的重要纽带。这些群体既包括政府，也包括警察、私企、政客和"多余分子"。

***

不同集团之间的斗争频繁且暴力，其中一些深深印在当地人的记忆中。2012 年，一所公立中学的校长和一名教师被自称"新老虎军"的当地团伙劫持并残忍杀害。该团伙要求政府从给学校的资金里拨出一部分给他们，对赎金的要求在学校一幢在建的新楼外墙上存留了足足两个星期之久。2014年，一个政府支持的前毛派组织"和平部队"中有7名成员被掌权的游击队所杀。2015年，两名男性驾车驶入乡政府总部，因政府合同引发的内部矛盾射杀了一名中介。

我就在这件事发生不久后的一天去了我姐姐的办公室。她办公桌对面坐着两名警察，都笑眯眯的。他们在问她有没有怀疑谁是凶手，以及他的作案动机。她眼睛都没眨一下就告诉他们，她知道的和他们一样多。经过短暂的恐慌，乡里的一切都恢复了正常，人们比以前更忙了。此时的普拉萨德要做的事远超过了收集新闻。2009年，邦政府任命他为VLE（Village Level Entrepreneur），即村级企业家，他的公司——他称之为"dukaan"（店）——被用作摄影室、记者站，以及"Pragya Kendra"，即公共服务中心，就是找一个有电脑能上网的人，保证政府公务和私人服务能够传递到村一级。VLE不赚固定工资，但是根据传递服务的数量从政府或者私人企业赚取一定的佣金，大约几千卢比。成为VLE的要求是了解如何使用电脑和互联网，要展现出"企业家的素质和社交能力"，有能力投资75 000卢比建立服务中心——普拉萨德自然成为附近这一片的合适人选。

村民们不去乡办公室了，转而在他的房门外排起了长队，经常天没亮就来。普拉萨德则直到早上8点才会出现。他对此解释说，如果一有人来就立刻处理他们的问题，那就没人把他当回事了。为了显示他的地位提升，他在转椅上铺了一条白布，象征官方权力，开始是棉的，后来换成了人造毛的。这项工作赋予他许多权力：发放种姓和收入证书，开银行账户并处理转账，给老妪、寡妇和残疾人发放政府津贴，给农村就业保障计划下的工作发工资，订火车票，预付电话费。他的大多数新业务都包含在一台像刷卡机一样、被称作微型ATM的设备里。这台机器通过扫描指纹验证受益人的12位数字身份证号码，利用VLE的SIM卡上的数据服务将其传输到一个复杂的服务器网络，然后才能进行就业保障金、老年抚恤金等任何福利保障计划下的转账服务。普拉萨德会用政府分发给他的一定数额的现金付钱给村民们，这样人们就不用再往乡政府跑好几趟，对着那些代表当地政府权力的缩略字母们[1]卑躬屈膝了。

从那时起，普拉萨德每天大部分收入都是坐在一间5平方米的小屋里赚的。屋外面的房子还没盖完，但这离村政府总部的车

---

[1] 指前文所提到的CO、BPO、DSO等职位的官员们。——编者

程只有 10 分钟。一个油漆刷的标牌把人们从国道引入旁边的一条岔路，召唤村民们到这儿办理由 MGNREGA 授权的项目——每年 100 天体力劳动获得 120 卢比日薪。然而想要办成，还须穿过各种乡村景观——在茄子地或者冬瓜地弯腰耕作的农民们、坡顶的小房子、散步的牛、在茶馆里打牌的男人们，还有坏掉的太阳能板。最终，你会来到普拉萨德那个让邻里眼红的房子前。房子有两层楼，外墙被刷成了粉色，好像是为自己独树一帜的美羞红了脸颊。很多访客都不是通过大门进来的，他们要去的是普拉萨德的办公室，一个连着主楼的玻璃房子。

  玻璃上用明红色的字写着他提供的服务。潘卡·普拉萨德和穆因·汗、维内·辛格尔一样，都是新时代的企业家。如果说汗用英语、维内·辛格尔用互联网实现了成功和影响力，那普拉萨德用的就是他触手可及的从相机到计算机的所有科技形式，达到了同样的目的。事实上，他才是这群人里最精明的；他对于客户需求的掌握最精准，客户对他的依赖也最原始。他不只为自己创造了一片机会之地，也成了这片领地的主宰。

  我第一次去他村子的时候，他直接就把我带到了他那幢羞涩粉房子的客厅。走过长长的走廊时，我碰到正在往水泥地上铺大理石瓷砖的工人们。普拉萨德说他上周刚买了这些瓷砖，算是划掉了他长长的人生目标清单里的又一项。我坐在塑料椅子上左右打量这间客厅——一个四轮的架子上放着一台老式电视,墙上挂着裱起来的家庭照片,我面前的塑料桌上摆着一盘咸饼干——他坐在桌对面的一张小木床上问我觉得这房子怎么样。我告诉他这看起来棒极了。他听了非常高兴。他后来告诉我,那天简直糟透了——他爸爸没有按要求穿干净的衬衣和定制的裤子,而是穿着笼吉[1]和背心满屋子乱转;虽然他不久前刚在卫生间装了淋浴头,他妈妈还是到村里的池塘去洗澡;所有人都没有用印地语而是用方言跟我说话;孩子们只会在门后张望,却没有走进来双手合十跟我问好。当他把我送回乡政府办公室的时候,他说他理解家人需要些时间来适应地位的变化。我们俩都知道,这用不了太久。

***

在印度政府错综复杂的关系网络中,权力总是与诱惑相伴。在恰尔肯德邦创立的最初十年里,许多邦部长因为拥有"过度的资产"被调查甚至逮捕,到高层政府官员家突袭查税已经不是什么

---

[1] 笼吉是一种在东南亚国家穿着的男性服装,有时缝制成裙状,特别适宜在炎热的地区穿着。——编者

新闻了。[1]在看似没有尽头的邦首席部长名单中，有一位因涉及上千万卢比的采矿诈骗案被关进了监狱；据说他以极低的费用向企业发放开采煤矿和铁矿的执照。他用公家的钱买了各种东西，其中包括一处价值170万美元的利比里亚矿产。[2]

印度的所有政府项目都涉及日常腐败——政府发放的粮食很大一部分不会送到穷人手里；承建的农村住房项目只有一半会真的建起来；大概几十亿卢比都消失在充斥着捏造的花名册和假工单的MGNREGA里。[3]腐败并不只是为了钱。在印度穷乡僻壤那些男性主导的政府里，一个人如果不能在正常工资之外赚更多的钱，就会被认为是软弱无能，而贪污的能力则被看作是勇敢者的勋章。普拉萨德的访客偶尔会在他发放了种姓证明或者完成银行转账之后，塞给他一张50或者100卢比的票子。他告诉我说，第一次遇到这事的时候他都不知道该怎么办，后来就慢慢习惯了。不用花

---

[1] http://www.business-standard.com/article/economy-policy/jharkhand-turns-into-hotbed-of-corruption-109102000100_1.html

[2] http://www.thehindubusinessline.com/todays-paper/tp-opinion/the-unfolding-koda-scam/article1068902.ece

[3] https://www.theguardian.com/world/2010/sep/07/india-grain-farming-prices-poor
http://news.rediff.com/report/2010/may/23/study-finds-massive-corruption-in-govts-flagship-nrega.htm
https://www.outlookindia.com/magazine/story/71-villagers-say-theres-high-corruption-in-government-welfare-schemes/237112

钱就能从政府那拿到东西,这让村民们很不习惯。

对普拉萨德来说,这代表的不是腐败,而是合群。掌管国家的人收上百万,他为什么要为偶尔的50卢比内疚呢?和他们相比,他想要的不过是比他的官方日薪多拿500卢比。

2014年6月,普拉萨德达到了他作为政府疏通者的职业顶峰,成了一名注册数字身份证处理员。他受政府委派收申请表,记录生物信息,并发放数字身份证。这给他的每月收入增加了34 000卢比。成为注册数字身份证处理员意味着他在乡政府总部有了自己的一间小办公室——老楼里的一间小黑屋,里面装配了制作数字身份证的精密设备。普拉萨德一天要花几个小时坐在这台设备面前,扫描虹膜并复核名字和地址。一台一模一样的机器被安装在他家的办公室里,现在这里不仅是摄影室、记者站、公共服务中心,也是数字身份证中心。所有空余的空间都被作为地方疏通者所需的各种设备塞满:台式电脑、笔记本电脑、打印机、扫描仪、微型ATM、数码相机、打印纸,以及一张装裱起来围上花环的心灵大师赛峇峇的照片——普拉萨德将自己的成功都归功于他。UID官方要求数字身份证照片为白底,所以曾经用来拍护照照片的蓝纸板被盖上了一块白兜提[1]。

聚集在他办公室外的人越来越多，来得越来越早，看起来也更着急。普拉萨德是负责五个村子的唯一一个公共服务中心；很多当地人要走几公里的路到这儿来，手中攥着的塑料袋里面装着所有可能证明身份的文件。普拉萨德坐上这个职位不久后的一天，我正好撞见他被一群抢着要跟他说话的人团团围住，他蹲在椅子上，腿上摞着一大沓申请表。以这个姿势等了几秒钟之后，他从椅子上跳起来，伸出胳膊把人群推到门外，冲着他们惊愕的脸把门一关。然后，普拉萨德把表格整理成一摞，看了最上面的那张，然后叫了苏克·德维的名字。一个从腰部就开始佝偻的女人，用拐杖拨开围在门口的人群走了进来。苏克·德维已经80岁了，走了5公里来办数字身份证，为的就是拿到她的老年抚恤金：一个月600卢比。让她在白色兜提背景墙前面的塑料凳子上坐直之后，普拉萨德把一个网络摄像头对准了她受惊吓的脸，确认了一下电脑里的图像，而后点击了在线申请页最下面的"提交"按钮。然后他抓起她的手，用湿毛巾擦了蹭她的指尖，按在一个盒状的指纹扫描机顶上的透明区域。结果机器识别不出任何指纹输入——泥

---

[1] 一种印度男性传统下衣，由布围成的宽松长裤。——编者

土在她皲裂的手指里嵌得太深了。苏克·德维很沮丧,作为一个每天和牛粪打交道的人,她问普拉萨德,人的皮肤可不就是这样的吗?

UID项目实施了几周之后,印度政府就发现,项目最想帮助的很多人因为常年劳作,手都粗糙到没办法输指纹。但是政府说,没有什么是一点凡士林解决不了的。而普拉萨德决定就用水。他把毛巾再次打湿,在苏克·德维的手上来回擦了几遍,然后按在扫描仪上。试了五次,终于成功了。德维又坐回到凳子上,睁大眼睛瞪着一个像望远镜一样的虹膜扫描仪,先一只眼,再另一只。这个只试了三次就成功了。普拉萨德拿起她的大拇指在表格上按了个手印,然后把表格放进一个鼓鼓囊囊的文件袋里。苏克·德维安静地收好自己的东西就离开了。

普拉萨德继续给其他"客户"办理:67岁的帕特雷·贝克想要开个印度银行的账户;20岁的手机店主萨努·库马尔想要从银行取1000卢比;一个穿着明亮纱丽、编着辫子的女人来拍护照照片。其中一些人办完事要走的时候会给普拉萨德点钱,30到100卢比不等,他都收到抽屉里。他说会把这些钱用于提供更好的服务,比如把从网上打印下来的数字身份证塑个封,说是给我解释,似乎更像是在自我安慰。但他也说,得小心一些,不能什么时候都收，也不能谁给都收。他告诉我说，自己小心提防着呢，有人想害他，尤其是他身边的所谓同事。

***

9月的一天，普拉萨德一起床就发现自己被一家有竞争关系的报纸的本地版"曝光"了，是一个同行通讯员使的坏。报道引用了一个男人的话，说他在普拉萨德的办公室里拿到数字身份证之后，给了100卢比。普拉萨德和采访里的这个男人都被叫到了警务处副处长的办公室，那个男人被讯问是否给了钱，他说是的；普拉萨德被问是否收了钱，他也点点头认了罪。"我问警官说，我因为自己的认真工作接受别人的一点酬谢有错吗？"普拉萨德在电话上告诉我。那个警官想了一下，然后放他走了。但她告诉他，不能再用乡政府总部的办公室处理数字身份证了。

普拉萨德告诉我，他决不会让这件事影响他"一分一毫"。他手里的活儿太多了，根本没空想这些有的没的。业余时间，普拉萨德会带着数码相机到处去帮 Indira Awaas Yojana 国家住房项目的受益人拍照片；在这个计划中，政府给村民们75 000卢比贷款，均分在建造开始、建造一半和建造完成这三个阶段发放。受益人需要通过拍摄工程进展的照片,换取后两期的贷款。普拉萨德收 500 卢比帮他们拍摄后两个阶段的进展。如果付 2000 到 3000 卢比,他就会为地区行政部门提供调查数据电子化的服务。等着某位官员来的间隙,他会拿出一部手机,把他半文盲的特约通讯员朋友在另一部手机上口述的报道打成文字。

我总是问他,为什么要把自己搞得这么忙。"有什么办法,人生就是打仗啊"(*Kya karein, jeevan sangharsh hai*),他拉着脸说。他仍然把自己看作一个渺小的人,和巨大的不公平的世界斗争。

8 月 15 日,印度独立日,普拉萨德打给在德里的我,说印度真正的自由是要脱离腐败。在他看来,他和在他门外等待的人们唯一的不同就是,他了解这个系统并且能用它维持生计;而他们开始不懂这个系统,后来又害怕它。如果他没能这么做,那他家现在还会住在去二层小楼的路上他曾经指给我看的那间没有电也没有自来水的一居小屋里。我见他的大部分时间里,他每天都要工作 12 个小时。和其他很多印度的大城市不同,这里没有什么放松的办法——去健身房,叫一餐好饭饱腹,和朋友、同事们喝一杯,在他这儿都没有。但他仍然拥有这一代人最喜欢的放松工具:Facebook。他有五部手机,三部有高速网络,其中的一部会被拿来上 Facebook。他把他仅有的一点空余时间都用在了这里:发状态,点赞，评论，分享。"花不了多少时间，"他说，"只要有人发了什么，我就会秒赞。如果是照片，我就回复'美丽的脸'。如果我看不懂一个人发的新状态，我就知道事情肯定不简单。这时候我不但会点赞，还会立刻分享。"他的大多数更新要么是他文章的链接（《新路建设计划发布》）或者励志鸡汤（《只有在工作的人才会犯错——那些没工作的人都把生命浪费在找别人的错误上》）。隔几天他就会发一张新自拍，有的时候他会在半夜发几句悲情的歌词。

音乐是他全部的娱乐活动。"电影对我来说太长了，浪费时间。我只会看7分钟以内的东西。"唯一让他牺牲了宝贵的三小时工作时间的是一部宝莱坞传记电影，讲的是马亨德拉·辛格·多尼如何从兰契的一名小镇青年成长为印度板球队队长的故事。在多数夜晚，下班、吃饭、上床之后，普拉萨德会拿出手机，在YouTube上搜歌曲的视频。他最喜欢的无一例外都是情歌。上次我跟他聊天的时候，他正痴迷一首流行曲，讲的是一对恋人为了在一起与命运斗争的故事。他不只喜欢那首歌，还喜欢那位歌手——浅肤色、圆脸、大酒窝、卷发的女孩子——视频也是她自己主演的。连宝莱坞那些时尚的女演员都算上，他从没觉得谁长得这么漂亮过，他说。

在生活中，他声称自己是没时间谈恋爱的。每次我问他有没有女朋友,他都说找女孩子是浪费时间。我不知道他听没听过关于分手和劈腿的歌,好准备没有爱情地生活下去。有一天赶上他心情不错,他带我去见了一位"特殊的朋友"。这个女孩子来自一个部落社区,就住在邻村,现在正在上护士培训课。他们几年前在一个电脑培训课上认识,已经在手机上聊了一年。因为怕事情变得复杂,他们一直回避线下见面;既然结婚是不可能的,那就没必要走得更近了。即便是那一天,"见面"也很简短:我们开车经过她的村子,她从屋里走出来跟我们挥了挥手。

普拉萨德很清楚地知道,等到时机成熟,自己要跟什么样的女孩子结婚。她必须来自商人族群班尼亚人下属的种姓("否则我在族群里就没地位"),最好是在城市里长大的("你疯了吗,我肯定不会找这个村子里的任何人结婚!"),她的家庭得负担得起他应得的嫁妆,不是因为他需要他们的钱,只是为了证实自己的地位。他放弃嫁妆的唯一可能性,就是女孩子长得美若天仙。"但这种可能性很小。上次我见了一个女孩,她简直是照片上的反面。全都是 PS 的。我见到她那一刻,简直头都大了(*Dekhne ke saath bukhaar aane laga*)。"

我主动提议给他在相亲网站上建一个简介,这样他就可以有更大的选择范围,甚至还能选和他一样种姓的女孩子。但他不想把网撒到恰尔肯德邦以外了："哎呦，可别。谁知道给我配的都是哪来的女孩子，坎普尔、勒克瑙的可不行。"不管多合适，我从来都没提过德里的女孩子。"如果我岳父要死了，去德里的火车得花 4000 卢比"（*Sasur mar gaya toh Tajdhani mein 4000 ka ticket le ke jaana padega*），他像平常一样愁眉苦脸地说。

他很想去首都看看，不过要等到他能毫无愧疚地买一张机票的时候。然而他只想去把景点都逛逛，并不想久留。普拉萨德很确定他如果去德里肯定能找到工作，但是他一点也不想做卖保险或者送比萨外卖那种苦工，却只能挣现在四分之一的薪水。他只想住在现在的地方，做他自己发现的工作。不管这个系统有多么可恶，他现在都要紧紧抓住它。

像潘卡·普拉萨德这样的人，可没有闲工夫沉迷于那些改变国家、改变世界的空泛主意。和穆因·汗或维内·辛格尔不同，普拉萨德不是通过逃离自己的出身发的财，而是正相反。如果你问他对现在的政局怎么看，他会告诉你他没时间想这些。他的客户不是美国的网民，或者志向远大的英语学习者；他们的生活质量全看普拉萨德能多快处理好他们的申请。正因为他和这个系统距离如此之近，他才意识到，本质上所有政府都是一样的，国大党也好，印度人民党也好。他觉得拉胡尔·甘地应该更努力点，但他也不是纳伦德拉·莫迪的盲目追随者。不管谁在德里掌权，普拉萨德都知道，在这个穷乡僻壤，掌控他命运的只有他自己。

***

丑闻的事情尘埃落定后，普拉萨德立刻回到他乡政府的办公室继续扫描指纹和虹膜，村民们也继续回到高莫哈树底下排队等待。有一天，村民们等了很久，终于等到普拉萨德骑着一辆崭新的摩托车从他们身边经过，在楼外很有派头地停了车。摆弄一下办公桌上的申请表之后，他从未有过地公事公办了起来：因为信息不全而朝来办事的人大喊大叫，"把插队的人踢出去"。我问他是不是要改变做事风格了，他耸耸肩说："什么都不会变的。如果有人必须赚钱，那他一定能赚到，谁也阻止不了（*Kamane waala kamayega, usko koi mai ka lal rok nahin sakta*）。"没人有资格教他应该怎样赚钱，怎样花钱。对于花钱，他也越来越肆无忌惮。他意识到，买东西会即刻赋予他一种权力。除了给自己买衬衫、牛仔裤或者墨镜，他还花很多钱买窗帘、靠垫套等家居用品，以及给家里的女人们买珠宝和纱丽。他在兰契最大的商店购买大部分东西，而且从来不要求打折。

2015年末，他给他的一位兄弟办了婚礼，要的嫁妆反映了他们家新的社会地位——10万卢比和一辆给他自己的摩托车。他办的宴席之大，村里见所未见：长达三天的狂欢派对，100公斤羊肉，和与之相配的家酿（*daaru*）。宴席的第二天，他带我参观了他带顶棚的后院，一大帮工人正为晚上的大阵仗挥汗如雨——有的在做玛莎拉调味酱，有的在切洋葱，还有的在剥羊皮。

他的家人已经接受了他的户主地位。他的父亲和兄弟都听从他的命令，母亲和姐妹则要遵守他定下的规矩。姐妹什么时候放弃学业，兄弟什么时候结婚，这些事情都由一家之长——25岁的普拉萨德决定。

回到客厅，他兄弟和新娘正坐在镀金的椅子上收礼物。屋里有个新装饰，电视机旁靠墙放着一辆蓝绿色车座和车把的自行车。我问他，明明去哪都骑摩托，要一辆自行车干什么。"这是我的老自行车，我最开始就是骑着它挨家挨户让人订报纸的，"他说。这个旧物放在这里是为了提醒宾客他的人生经历了多大的飞跃——就像桑托什·塔库尔留着发达之前骑的爸爸的自行车一样。这不禁让人猜测，印度有多少个客厅里放着这样的自行车，用来标志印度年轻人改变自己命运的旅程。

按照他地位提升的速度，摩托车很快就不够档次。他兄弟婚礼的一个月后，他给自己买了一辆全新的马恒达 Bolero 型 SUV，这是他迄今为止最昂贵的权力象征。车是分期付款的，首付 26 万卢比，之后每月付 1.1 万卢比，分 44 个月付清。我问他是否会找个教练，他说："我自学，最多一礼拜就学会。"几周后，他把这辆闪亮有型的棕色 SUV 一路开到了兰契，停在我家门口让我欣赏它的速度与美貌。后来他告诉我，买这辆车并不只是一时冲动。作为一个花了 84.4 万卢比买车的人，他在婚姻市场的身价至少提高到 60 万卢比。这符合他更大的计划。

然而，不到一个月，他就不得不把这辆车从门口最显眼的位置开到村民们看不到的地方去。像所有不合时宜或者过分炫耀的东西一样，这辆 SUV 给他带来了眼红的诅咒。在他把这辆巨兽停在他的两层小楼外三个星期后，村民们就起草了一大摞投诉信，说他"工作方法"有问题，然后交到乡政府总部。我在德里跟姐姐打电话聊天的时候听说了这事。"这次问题严重了"，她说。后来我给普拉萨德打了个电话，他的口气也并不乐观："这些村民们，他们看不得这辆马恒达。"

这件事发生之后几个月我都没空回乡。如我所料，一切又恢复了正常。我姐姐也和往常一样，又有一堆新的事情要烦。其中一件，就是食物保障计划最急迫的受众拿不到食物配额。村民们十几个一群到乡政府组织的听证会上抱怨，说免费的米面糖盐还有煤油都没有他们的。台上没完没了地念调查数据时，台下一个年轻人从志愿者手里抢过麦克风，冲着食物供给官员的方向大喊："给我们食物，不然我们就拿枪解决了！"

这场危机因为持续不断的干旱而更加严重。印度当时正在经历有记录以来最严重的一次干旱，四分之一人口受到影响，农业受到严重损害。[1] 2016 年前三个月，超过 100 名印度农民自杀。[2] 恰尔肯德邦是亮起"红色警报"的邦之一。中央政府下令，雨季到来前在每个村庄建造 5 个田间蓄水池；对我姐姐而言，就是于三个星期内在乡里建 546 个蓄水池。等我回来的时候，她还剩下 300 个水池要在一周里建好。之后我在乡里的很大一部分时间，都跟着我姐姐在石砌的地下室间穿行，看着她检查乡里的食品分发情况。她走进政府许可的配给站，仔细地四下观察了一番，让她的助理去数地下室有多少袋粮食、多少桶煤油，在她的笔记本上计算（"店里应有的粮食数：25 公斤或将近 3 袋［10 公斤一袋，袋子重量 1 公斤］；店里实际粮食数量：6 袋；店里多余粮食：30 公斤"），

---

[1] http://www.bbc.com/news/world-asia-india-36089377

[2] https://timesofindia.indiatimes.com/india/116-farmer-suicides-in-first-3-months-of-2016/articleshow/52002524.cms

然后让小贩解释余下的粮食是怎么回事。

回答五花八门，有的搞笑，有的奇怪。在一家店里，一个年轻的女人刚开始做经销商，还在摸门道。她一边解释，眼泪一边从她的大眼睛里涌出来，她说以为从每袋里面留一斤给自己家吃是正常操作呢。在另一家店，一个干这行25年的老头交叉着手跟她说，每到月中他的地窖总是堆满了粮食，因为村民们都懒得来拿。在乡里视察是个猫捉老鼠的游戏，在我看来，最大的玩家是那些对真相睁一只眼闭一只眼的人。那天晚些时候，在检查一个蓄水池时，真相就在一个小树枝做的记号上摇摆。2米，我姐姐弯腰一看就说。2.4米，她的司机兼当地知情人说。3米，年轻的工程审查员非常认真地说，按政府定的要求一分米都不少。于是，人们从田里拿来一根很长的树枝，把它立在底部集了一点水的池子里。大家心里对标记之间的距离都心照不宣，还是弯下腰又看了一次，结果谁也没有让步。

和以前一样，普拉萨德从过去经验中学到的就是，想要达成自己的抱负，还要行动得再快一点。马恒达已经搬到别人看不见的地方，生意也恢复了常态。他把办公室重新装修，现在沿着门放了一张两边到墙的桌子，既是一个完备的工作台，也当作"前台"。这样，他完全把办公室变成了一家商店，更重要的是，它在申请者和当权者之间建立起一道有形的壁垒,桌后坐着一名年轻的助理整理申请表。普拉萨德还有很多钱要去赚,时间却很不够。他知道他应该慢下脚步,但每次想休息一下时,想象中的巨大损失就会在他脑子里乱撞,撞得头疼。"我不想和钱对着干(*Paisa chod ke jaane ka man nahin karta hai*),我赚得越多,就越想赚更多。"

他现在赚的钱大概比他的官方工资多 500 卢比。他也更想要过那种银行里有几十万卢比的日子。他还没有走出过恰尔肯德邦,但是他决定只坐飞机出行。"不管去哪,我都要坐飞机。"他为妹妹挑选了结婚对象,并同意出 60 万卢比的嫁妆,包括平板电视、冰箱和摩托车。"我们把她嫁出去时给的东西越多,她对他们家的价值就越大。"她的嫁妆是从兰契最好的商店买的,提前几周就送到了婆家。2016 年年中,他用又一场豪华婚礼把妹妹嫁了出去。这场婚礼动用了当地一半的小时工,村委会的所有人都来参加了。然而第二天早上 6 点,普拉萨德照常开工,因为"生意比什么都重要"。

到了 11 月,对于大部分做其他生意的人来说,这一年就差不多过去了。对普拉萨德却并非如此。2016 年 11 月 8 日,纳伦德拉·莫迪在国家电视台宣布,政府一夜之间废除了印度二种大面值的现金:500 卢比和 1000 卢比纸币。总理解释说,这是打击贪腐和黑钱之战的部分措施。他的支持者们表示,如果能说服12亿人用电子途径收付款,那么纸币的历史就可以终结了。国家陷入一片恐慌,政府对取款额度进行了严格限制,而新纸币却还在印刷中。即便印钞机日夜不停,ATM机外排队的人还是不断增加,并且越来越愤怒。[1]

印度的城市居民可能已经出离愤怒了,而农村却陷入了更大的麻烦。在农村,并非所有人都有银行账户,很少有家庭会有多个账户。他们的大部分存款就放在床垫底下,都是面值500或1000的大票。这些村民不但要冒着失去他们全部积蓄的危险,还要被迫走十几公里到银行去,从他们本来就没什么钱的账户里取出小额的、政府批准数额的现金来。[2]

农村是莫迪远大计划的真正试炼场。如果那些贫穷的、闭塞的村民们都能够无现金生活,那么印度就能给世界上一课了。"经验告诉我们,普通老百姓总是能够为了国家的利益做出牺牲,面对困难",莫迪在电视上呼吁道。[3]

---

[1] https://qz.com/836378/one-week-of-narendra-modis-demonetisation-in-india-the-good-the-bad-and-the-ugly/

[2] http://indianexpress.com/article/india/india-news-india/demonetisation-hits-villages-tehsils-handful-of-banks-and-limited-staff-rural-areas-feel-the-pinch/

[3] http://pib.nic.in/newsite/PrintRelease.aspx?relid=153404

普拉萨德被工作压榨得不行。从 11 月到 12 月，他在家中的办公室经手了总共 400 万卢比的银行转账。作为实验期间乡里任命的 12 位"商业代理"之一，他的工作不但要提供银行业务，还要忽悠他的客户们转向数字化。"很简单的，"他带着惯常的自信说，"客户一来，你就让他们通过和数字身份证相连的微型 ATM 机登入普惠金融账户。填写数额，比方说 5000 卢比，然后机器会要求他输入指纹，然后中介也输入指纹。两个指纹都核实通过之后，你就可以存钱、取钱，办所有银行业务了。每天，我要帮全乡的人转账 10 万卢比。"转账完成之后，普拉萨德就会让客户们试试政府的数字支付 app，然后注册一张政府发放的借记卡。到 12 月末，他已经成功说服乡里的 3000 人下载 app，或是申请借记卡。"我告诉他们，即便他们取出来新的 2000 块纸币，他们也得找地方换成零钱。为什么不直接把手机当作钱包用呢？"

普拉萨德不再为报纸工作了。"我没时间做那个了。整天跑来跑去的，又没什么钱拿。"他每天做的事就是拓展他的生意。"这是最好的工作。谁想给政府干活啊？我每个月能挣 3 万到 4 万卢比。"我问他知不知道自己给总理最有野心的计划做出了重要贡献。"距离我的目标还远着呢"(*Dilli door hai*)，他说。和往常一样，他不喜欢夸耀自己。

他没忘记登录政府网站,把他说服转向数字化的每个人的姓名和住址都输入进去。2017年1月1日,恰尔肯德邦的印度人民党政府在兰契为莫迪对"数字财富"的判断举行了一场庆典。首席部长在点灯仪式之后说,这个计划得以实行,多亏了村民们的热情参与。政府决定奖励一些突出贡献者。普拉萨德第四个上台领奖——奖品是一台新的生物识别机,被漆得像初升的太阳一般火红。

参考书目

A. Raghuramaraju (2010), *Modernity in Indian Social Theory*, Oxford University Press.

Ed. Pamela Price and Arild Engelsen Ruud (2010), *Power and Influence in India: Bosses, Lords and Captains*, Routledge.

PART II

第二部分

"我已做好准备,迎接战斗"

我花了将近三年的时间倾听年轻人的冲冲怒气。他们基本上抱怨的都是同一件事：他们在这个国家没有未来，这个国家在世界上也没有未来。驱使他们为自己的人生做主的本能，和驱动他们政治理想的是同样的情绪——愤怒和焦虑。他们中的很多人认为，印度自独立以来的70年历程完全是荒废的。他们质问，一个剥夺年轻人梦想的国家，能算是一个自由的国家吗？在他们看来，要为如今的状况承担责任的人不在少数。这份长长的追责名单以外国人开头，从莫卧儿帝国的君主到英国统治者都算在内。他们认为这些人毁掉了让印度站在早期文明之巅的一切——古鲁库教育、印度教王国，以及大量的金银财富。印度是否曾经是世界上最富有的国家？他们不但对此深信不疑，还从广受印度年轻人追捧的野史博客上搜罗出一大串数据扔给我,以兹"证明"。

> 直到公元 17 世纪,印度一直是世界上最大的经济体。
> 直到 18 世纪晚期,印度和中国拥有世界 GDP 的 50%。
> 在第一个千年里,印度拥有世界 GDP 的 32%;直到 1700 年,印度还拥有世界 GDP 的 24%—28%。

随后,他们的追责名单转向了从英国殖民者手中接过统治权的政党和领袖,将矛头指向甘地和印度的开国总理贾瓦哈拉尔·尼赫鲁。他们认为这两个人虽然了解一个刚刚独立的印度需要的是什么——经济复兴、军事力量、文化弥合——但却将国家的精力全用在了世俗主义、民主和社会对这些抽象理念的接纳上。

> 尼赫鲁在最关键的时期毁掉了我们的国家,那时国家最需要的就是一个可以为印度的未来几十年打下坚实基础并指引方向的领袖。
> 尼赫鲁在国家的奠基时期几乎走错了每一步,没能让印度成为一个受人尊敬、团结的、有文化底蕴的国家。
> 如果任他领导,那他就会解散整个军队。因为他想要以

外交政策的名义在全世界范围内放飞他的和平鸽。

我并不憎恨甘地，但他的一些决定真的很可悲，比如建立尼赫鲁-甘地王朝，保留种姓，以及以道德之名向穆斯林让步。

他们告诉我，年复一年，在尼赫鲁后代控制下的政党，沿着他的愿景将印度朝着当初的承诺越推越远："王朝统治、民不聊生、贪腐滋生、民粹主义和少数民族姑息政策横行……"他们可以滔滔不绝地讲述国大党——自印度独立以来掌权时间最长的政党——如何损毁了印度梦。他们说每次有人站出来想要得到关注时，国大党总会抬出一个更值得关注的人扔到他们面前——这人要么更穷，要么来自更低等的种姓或者更边缘的地区。因此，他们在成长过程中逐渐开始憎恨所有在这条一眼望不到头的长队中排在他们前面的人。

如果你恰巧是个高种姓的印度教徒，憎恨也可以来得很容易；从国家第一次被征服开始，你就感到自己的权利在一连串的背叛之后被一点点骗走了。你希望所有人都能见你所见——你就是印度的化身，每一次对于它古老秩序的打击，就是对你自己社会地位的打击。你不用排那条长队就可以感受到这种愤怒。不管他们是穷人还是富人，我所见到的年轻印度教徒想要的都是一样的：经济增长高于社会公正，多数民主高于自由民主，文化民族主义高于世俗主义，宁可要边界战争也不要睦邻友好。这些东西既包括人们想要的东西，也包括之前拥有现在失去的东西，比如你在自己那个圈子里的地位。

这些年轻人如何消解自己的愤怒和焦虑呢？很多人转向了政治。通常，他们不用走出自己的学校或者生活区，就能给自己找到一个发泄愤怒、消解焦虑的组织。这些群体如何定义自己的身份，要看他们为了自己的愤怒和焦虑愿意走多远——比如印度教民族主义者、印度教至上主义者、印度教激进分子，或者就是一个为印度教的利益工作的组织。他们中有些会参与竞选，比如印度人民党，也有些在幕后工作，比如国民志愿服务团（简称RSS）。他们可能会设定一个具体的社会情境，让那些年轻气盛的印度教徒发泄怒火——全印度学生会（简称ABVP）面向印度的大学生，印度青年民兵团则面向印度的地方社群；或者设定一个具体的目标，比如捍卫印度教至高无上的象征——牛、传统、女人。如果不是纳伦德拉·莫迪横空出世、扭转乾坤，这种情况还会一直持续下去。总要有人看到这个拥有雄心壮志的群体的票仓。除了被束缚的沮丧感之外，年轻的印度教徒还有什么？那就是提升自己社会层级的渴望。莫迪理解他们的沮丧。

我亲爱的年轻朋友们：

你们是我们最大的竞争优势，是我们最强大的资本。只有你们成功，国家才能成功。然而你们的需求和受到的限制却没有得到足够的关注。即便你们接受了教育，也很难找到工作。脆弱的基础设施和贫乏的公共服务将你们束缚在低效、受辱、生活质量低下的泥沼之中。整个国家似乎卡在了历史中，而你们则被束缚住了手脚而无法跨入未来。

这一切都需要改变。

他也理解他们的渴望。莫迪需要做的就是说出励志的漂亮话，然后他的"印度教优先"理念就成了向社会上层流动的法宝。他不仅用他们的方式讲话，也用他们的方式沟通——公开信、Facebook 视频、Twitter。

你的梦想应该是做什么事，而不是成为什么人。

杯子是全满的——一半是水，一半是空气。

这个国家的年轻人靠鼠标上的一根手指就能撬动整个

地球。

他们把他看作自己人,一个白手起家的人,他把自己的人生当作一个项目,把自己当作这个项目的负责人。只要他能凭着高喊"印度必胜"和"年轻就是力量"让年轻人们热血沸腾,他到底有没有能力创造新工作,能不能打击腐败,根本就没人在意。

在他复兴印度的花言巧语的带动下,印度人民党自2014年成为主要政党后,几乎赢得了他们参加的所有选举。印度人民党并不是唯一一个在莫迪的呼唤下崛起的政治团体,基本上每一个为印度教徒谋利的组织都是如此。自莫迪掌权,ABVP掌控了校园,印度青年民兵团掌握了住宅区,成百上千自发的军队走上农村的高速路寻找丢失的牛。我在印度中部见到的年轻男人们,不是被愤怒驱使,就是被向上流动的渴望驱使。他们中的大多数都被纳伦德拉·莫迪的政治主张和新民族主义印度教所吸引。

那其他族群的人要怎么办呢?我把这个问题抛给了所有我认识的、愤怒或上进的、非高种姓印度教徒的人。我问沙赫纳瓦兹·乔杜里,一个极度愤怒和想要往上爬的穆斯林青年,能否在印度政坛找到自己的一席之地?他说他相信莫迪的话。那莫迪政府对于穆斯林那些官方和非官方的限制怎么解释呢?从他们吃什么到他们爱谁，莫迪政府都要管呀？他避开了我的问题。我问了有时在课上引用莫迪语录的穆因·汗同样的问题，他说如果你人生的唯一目标就是往上爬，那你就应该闭上嘴，继续努力。他们也许并不喜欢莫迪，但是我知道他们不敢告诉我——一个高种姓的印度教记者——他们的工作和莫迪的一样，就是贩卖抱负，他们害怕站在金钱的对立面。

印度的年轻女性对于自己的国家和世界又是怎么看的呢？她们也感到愤怒吗？是的。她们想要向社会上层攀爬吗？当然了。但我却很少看到她们参与地区政治。政治太男性化、太不安全了，她们这样为自己辩解。她们发现身边愤怒的年轻男人们把怒火转向她们，认为她们对于提高自身地位的渴望是一种威胁，甚至唯恐闯入她们反抗和复仇的大戏里。参与政治的年轻女性并不算少，至少足够填满印度人民党和国民志愿服务团的女性席位。但如果你走进大学校园或者一个小村镇，是不会看到任何女性为印度失落的文明而义愤填膺的。然而我所见到的年轻女性都一眼看到政治的本质：权力。如果一个女人想得到权力，事情会是什么样？一个女人为获得政治权力孤军奋战，能收获意想不到的结果吗？我想要得到这些问题的答案。

4
男愤青

2014年,我第一次见到维卡斯·塔库尔。当时他29岁,计划在五年之内赢得一场选举。单从外表来看,他一点也不像个印度北部的年轻政客:不穿传统库尔塔衫,不留小胡子,不带蛤蟆镜,身后也没有小跟班。他穿着带图案的T恤(卷起袖子时会露出一个迷幻的湿婆文身),破旧的牛仔裤和沙滩凉鞋,看起来更像是一个在过周末的程序员。

我很好奇为什么这样一个来自中产家庭、上教会学校、讲英文的年轻人会立志要赢得选举,而不是做个公司白领。我在Facebook上找到了塔库尔,像大多数想要卖东西给同龄人的印度青年一样,塔库尔也在社交网络上做生意。他在一个相当有趣的时间点得到了一份重要的工作——印度人民党在恰尔肯德邦的第一个社交网络作战室的召集人。塔库尔的工作是塑造邦内全部50万网民的政见。在全国大选中保住了绝大多数席位的印度人民党，彼时鼓足干劲想要在各邦重复他们的胜选法宝。这其中就包括社交网络作战室：一群擅用互联网的年轻党员坐在电脑前生产"内容"——从更新状态到段子、表情包，任何能让手机用户"转"起来的东西。

我见到维卡斯·塔库尔的时候，他要在六个月内为恰尔肯德邦的印度人民党"建立声望"。在我们伴着咖啡的长谈中，塔库尔对他的政治理想滔滔不绝，对于这个作战室的位置和工作方式却讳莫如深。"这个作战室建立在钟乳石理论上，"有一天他突然宣布说，"这些政治理念一滴一滴积累起来，渗透到民众当中去。"他直勾勾地盯着我，以示强调。塔库尔对于自己"思想者"的人设颇为自豪。他告诉我，他人生的每时每刻都在思考大问题：人生的意义、印度的历史、政治的未来。作为一名焦虑的少年，塔库尔在某一刻意识到，这个世界上有些东西从根本上就是错的。虽然在历史上有巨大的领先优势，印度却不曾被世界重视，而印度教徒也不被印度重视。他认为造成这种权力不平衡的原因有很多，但首要问题是印度搞错了孰轻孰重。作为一个在印度于1991年打开国门前不久出生的人，塔库尔在第一次意识到印度的国际地位时就十分失望。他将矛头指向决定国家优先事项的人——从2004年到2014年，从塔库尔19岁到他29岁，一直执掌印度的国大党。

在塔库尔看来，国大党就是阻止国家走向伟大的化身。国大党的掌权者们被殖民的负担压得抬不起头，无法带领国家崛起并走向繁荣。他们的政治是懦夫的政治，他们的政策是一串让塔库尔恨之入骨的字眼："补贴"穷人，"安抚"少数民族，为落后种姓提供教育和就业"名额"，与敌人"对话"。在一个对萌芽中的独裁政权疾恶如仇的青少年看来，这些话一文不值。塔库尔告诉我，学生时代他选择了与马克思主义者、列宁主义者、毛主义者这样的左翼分子为伍。然而，这个立场并没有坚持多久。他赞成他们诉诸激进行动，但对于阶级斗争他有不同的看法。塔库尔想要的是恢复他的家族失去的特权。谈话中，他经常提起他的祖父母不得不放弃北方邦的一个封建庄园，因为印度刚独立时重新分配了土地，作为社会主义改造政策的一部分。"我们搬到了布尔尼亚，和比哈尔邦相邻。我家的新房子就在一个穆斯林贫民窟（*basti*）的旁边，这地方因为经常持械抢劫富裕的印度教家庭而臭名昭著。总有人图谋不轨，但我们是塔库尔家族的，所以我们会用塔库尔的方式回击。"

他没解释塔库尔家族对于招惹了或可能招惹他们的人，究竟是怎么回击的，但此事不言自明。我从小就听过比哈尔蓝维尔军杀人的故事。1990年代，塔库尔家族（一个强大的地主种姓）的私人军队加入了比哈尔一场由毛主义者挑起的阶级战争。在一系列意在恢复秩序的屠杀中，他们杀死了300多名达利特人（印度种姓制度的最底层）。[1]比哈尔的塔库尔家族习惯了当老大，即便在当时，他们还是拥有绝大部分的土地。从洋洋得意的胡须，到大量的武器装备，他们有足够的资本保住这些土地。一开始，他们也不知道如何应对1990年代的一系列变动——一面是以追求社会公平为根基的新型政治，一面是由市场友好型改革推动的新方向。

他们看好的是，那个年代还有更多事情在发生。1992年12月6日，一群印度教民族主义者摧毁了巴布里清真寺。这座建于莫卧儿帝国时期的清真寺坐落在北方邦的阿约提亚，这里被认为是罗摩神的出生地。[2]印度教民族主义力量利用这次胜利掀起了一场全国性运动，帮助印度人民党赢得了1999年的大选。正是印度教民族主义者的政治胜利给了塔库尔家族希望，他告诉我，"直到印度人

---

[1] https://roundtableindia.co.in/index.php?option=com_content&view=article&id=5206:ranvir-sena-massacres-and-state-complicity

[2] http://news.bbc.co.uk/onthisday/hi/dates/stories/december/6/newsid_3712000/3712777.stm

民党掌权，我们的家族和社区才开始感觉境况有所好转。"从 1980 年代末到 21 世纪初，国民志愿服务团在全国范围内开设了成千上万的训练小队。每天早上 5 点，10 岁以上的印度教男孩会在社区内最大的空场上集合，训练成为印度教民族主义的士兵。"我在布尔尼亚少年时代的记忆之一，就是那段时间 RSS 在贫民窟集结训练小队（shakhas）。"但塔库尔一次也没去过。等他到了上学的年纪，他家已经搬去了兰契。他爸爸在当地卫生部找到一份文职工作，他家也继续过着被他称作"普通中等收入家庭"的生活，他自己则被送到这个城市众多教会学校中的一所。他不喜欢这所学校，对此也毫不掩饰。"我当时前额点着红点，手上缠着佛绳。有一天，一位神父告诉我不能这样，他说学校不赞成宣扬任何宗教信仰。我问那为什么还有教堂，为什么还唱基督的圣歌，他则说要把我赶出学校去。不久之后，我就被学校开除了，但离开学校之前，我去了他的办公室。我告诉他，如果可以的话我会暴揍他一顿。"一周之后，塔库尔的父母把他送到一所建立在辨喜的哲学之上的学校。正是这种哲学思想，让塔库尔的焦虑得到了解答。辨喜不只是位传播印度教的和尚，他出生在大城市加尔各答的一个上层家庭，从小接受英语教育。他赋予自己的使命是，让物质主义横行的西方世界认可追求精神生活的东方世界才具有天生的优越性。他既穿橘黄色的袍子在树下冥想，也用英语写书、演讲。他是被印度年轻人认可的最具感染力的励志演说家，他的书销量堪比保罗·科埃略。[1]

选择一件事，把它当作你的生命——脑子里是它，梦里是它，生活里也是它。

起来！醒来！不达目的，决不罢休。

世界是一个巨大的体育场，我们来到这里就是为了变得更强。

辨喜说服印度教徒们，要以自己的信仰为骄傲。他要求他们不把宗教看作一套晦涩难懂的信仰和行事方法，而是看作对于世界难题给出的一套有逻辑的，甚至很酷的答案。他告诉那些当时被英国殖民了半个世纪的印度人，要以自己的文明为傲。他为他们这些"千百万个对压倒一切的白人权威肃然起敬的愚人们"，提供重建国家的一种方式——宗教。辨喜赋予印度教徒们一种专属

---

[1] http://www.hindustantimes.com/india-news/swami-vivekananda-youngster-from-india-won-over-the-world/story-6xN7dIZYJiqTirMCwwloLI.html
http://indiatoday.intoday.in/education/story/swami-vivekananda-death-anniversary/1/706997.html

的世界观：一份永恒的礼物。这种世界观驱使那些听过他1893年在芝加哥世界宗教会议上演讲的印度教徒挑战西方的叙述，也驱使14岁的塔库尔在1999年读到这些之后做出同样的反应。[1] 在读完八卷辨喜的思想著述之后，塔库尔开始读所有他能找到的印度历史和印度教哲学。他说，他就是这样开始建立一个未被西方世俗观念改写的个人知识宝库。塔库尔选择传媒作为自己的大学专业。在课堂上，他学习信息的运用和语言的艺术；课余时间，他为当地报纸撰写社论文章。他大一时做的另一个重大决定是加入ABVP——这是RSS的学生分支，也是大学范围内印度教统治下的一股激进力量。2015年，这个组织声称有320万成员，分布在2万所学校中，他们中的100万人是在印度人民党2014年全国大选获胜后加入的。[2]

在新学校，维卡斯·塔库尔再次和基督教权威起了冲突，这次他想要以牙还牙。复仇是加入ABVP的一个好理由，这个组织吸引的就是校园里最愤怒的年轻印度教男生。ABVP是个令人恐惧的力量——不只是针对天主教学校里的教徒——因为它总是站在异

---

[1] http://www.business-standard.com/article/current-affairs/full-text-of-swami-vivekananda-s-chicago-speech-of-1893-117091101404_1.html

[2] http://www.caravanmagazine.in/reportage/age-of-abvp

见的一边，且常常有武装加持。"我加入 ABVP 是有原因的。以前我看到校园里有印度教女孩被贫民窟的穆斯林男孩骚扰会很生气，但没人敢说什么。"大学的那几年，塔库尔沐浴在 ABVP 阳刚的政治理念当中。他给我讲他和同僚们多少次心满意足地碾压了敌人，说的时候忍不住笑出了声。"我做了你能想象到的一切，打架（*maar-peet*）、霸凌（*gundagardi*）。我们在当地警察局有关系，只要我开口，他们不用拘捕令就可以逮捕任何人，并且把他们倒挂三天。"

面对这些年轻人给我讲述的"壮举"，有时我不知如何回应。该表现出钦佩、疑虑，还是保持微笑？我能明显感到他们夸大其词，甚至感觉他们这么说就是为了跟我显摆。但是当他们在故事里假想出障碍、夸大对手的时候，我还是很难保持面不改色。幸好塔库尔更喜欢把自己打造成一个思想上的战士。有一天他跟我说，"曾经，政治是'政治操纵'（*thekedari*）的礼貌性说法，只吸引某一种人，他们都粗暴强硬且虚伪圆滑。但现在，因为年轻人对政治的冷感成了一种危机，全职政治家应运而生。我们去了解国家的过去和现在，了解话语的力量，然后有了自己的发现。"辨喜早在 19 世纪就说过："事实可以有一百种叙述方法，每种都是真的。"这番谈话是我在见到 WittyFeed 的 CEO 维内·辛格尔一年前进行的；之后那位爱国的 CEO 和我说的有关青年与国家的一切似乎都在重复这一次对话。在辛格尔开始收看新闻频道并建立自己对于印度与世界的见解之前好几年,塔库尔就已经埋头于书本和文章,想要证实自己的猜想。关于这个国家失势的所有问题,他都能推荐一本书给予解答——贾瓦哈拉尔·尼赫鲁如何毁掉了印度;国大党如何毁掉了印度经济;西方世俗主义又如何毁掉了印度教。塔库尔的政治是愤怒政治。他既不穷也没有陷入绝境,他不需要政府的救济,但他对政府在救济的人感到十分愤怒,因为觉得他们不配。每次我见到塔库尔都问他为什么想从政,他的回答一直不变:国家需要他。"当我们想到政府的时候,为什么我们想到的是蔬菜或者油价?要改变这个思想,我们要做的有很多。"

所以不是为了让印度教徒战胜其他人?我问。"我从政是因为我想代表印度教徒,不是为了破坏其他人对他们身份的权利,我的政治是为自己人发声。"他说。有一天——那时我们认识了大概几个月——他告诉我,"我必须要得到一个有权力的位子。不是为了钱,我的家产还不少,我就是为了获得权力。"他父亲很希望他能在政府谋个职,如果他儿子不能像他祖辈那样左右贫苦农民的命运,那至少要保住他自己的地位。"'儿子,在政府谋个职吧'(*Beta, sarkari naukri kar le*),我爸在我大学毕业的时候跟我说。我告诉他,'如果我就在政府里找个工作,那谁来当政府呢'(*Sarkari naukri kar li, toh sarkar kaun banega*)?"作为一个计划在五年内参与一场竞选的人,塔库尔并没有后台。在我看来,他所拥有的就是Facebook 上的 5000 名追随者。"你应该去看看,我在 Facebook 上发布与政治有关的东西,然后碰巧有人发表了不同意见的时候,我们几百个追随者会立刻反扑他。"

***

这些追随者是什么人?为什么他们这么喜欢攻击在何为印度人的问题上与他们有分歧的人?至此我打过交道的只有精神上的,而非武力上的印度教民族主义守卫者。我对那些选择武力斗争的战士们也很感兴趣,但让这种人坐下和我喝杯咖啡,解释一下他们为什么加入战斗,却绝非易事。终于,我找到了一个人。

2015 年 2 月 14 日,我在密拉特一家购物中心的肯德基见到了一名 19 岁的少年。我问他,为什么早上离开家的时候,要在摩托车的后面绑一根铁棍?阿尔琼·库马尔又瘦又小,苍白瘦长的脸上还长着青春痘。他在我对面坐了六个小时,小口吃着炸鸡,其间很少和我对视。和人面对面聊天却一直看手机,这样的年轻人我已经见怪不怪了。真正吓到我的是我每次看向他身边的两个朋友时，他望向我的那双布满血丝的眼睛。库马尔并不想见我，原则上他是不和女人打交道的。我正是他憎恨的那种女人——城里人，独立，有主见。但当他在座的一位朋友早上给他打电话说他们得见一个从德里来的人时，他毫不犹豫就来了。于是他就坐在这儿，漫不经心地吃着我给他买的套餐，并勉强地回答我的问题。

最后，他一边用叉子在盘子上画圈，一边挤出一句话：我讨厌情侣。

他在公众场合——公园、商场、快餐店——看到情侣们的时候，第一反应是把铁棍扔向他们。他不能每天都这么做，所以他每年最盼望的就是情人节。这一天，印度青年民兵们可以随意处置那些年轻的小情侣。[1] 这也是他们一年中唯一可以获得世界关注的一天——记者跟着他们跑，警察则随时待命处理他们惹的麻烦。这些男孩子会提前很多天就计划他们的行动，观察小情侣们的动向，分配监控点。为了他的第一次情人节行动，库马尔准备了很多年，为的就是建立一个令人生畏的光环。如今，这已经是他的

---

[1] http://www.thehindu.com/news/national/andhra-pradesh/valentines-day-vhp-bajrang-dal-warn-lovers/article8230633.ece

第二个情人节了。这一天，整个密拉特都是他的战场，而他则是一个披着战袍的指挥官，要拯救密拉特于危亡。他一边给我讲全城的各种"恋人聚点"，一边倒计时等待黄昏的来临。他们一直在等领导的电话，领导将给他们晚上的行动分配位置。库马尔本想在等待指令时安静地计划他的行动，无奈他周围的环境实在不适合战略部署。从早上开始，餐厅就满是情侣。库马尔的眼睛不再盯着手机了，而是密切关注着我们身边玫瑰花和泰迪熊的交换活动。这种仪式让他心生厌恶。"我希望，我真希望我能给他们一人脸上一棒子。"他自言自语，瘦骨嶙峋的手指急不可耐地敲打着。然而，他还没得到开始行动的指令。

库马尔上五年级的时候就加入了印度青年民兵团，那时他才13岁，他说这么做就是为了在邻里间看起来很酷。库马尔长大的地方，人们的主要工作就是浑噩度日，直到下一个节日的到来。他发现，在这里只有为保卫印度教民族主义而战，人生才有意义。然而作为一名青少年，他是没有机会在一线战斗的。所以作为青年战士的前几年，库马尔的主要任务就是和其他13岁的孩子一起站在印度青年民兵团在当地的办公室外，装作很凶的样子。开会的时候，他和他的同僚们就负责将塑料椅子摆成一排，测试麦克风的声音。他的职位升得很快，不久他就掏出印度青年民兵团的徽章开始处理各种大事小情，从低学校出勤率到街头群架，他都能管。所有人都会退后，或者在他看来"大家给你izzat（面子）"。17岁的库马尔进入密拉特的乔杜里·查兰·辛格大学时，已经是名有资质的民兵了。为了确保大家都知晓这一点，库马尔开始翘课。"学校是我说了算（*College mein apni chalti hai*）。"没什么大不了的，每当他心里也有点没底的时候，他就这么宽慰自己。老师会向校长告状，然后校长就会威胁让他停课。但是如果ABVP大学部主席给校长打个电话，看似温和实则严厉地警告他这么做的后果，校长还会坚持采取行动吗？"秘书长（*Mahamantri*）认识警局里的所有人，学校能再向谁告状呢？"

渐渐地，库马尔将影响力拓展到另一个圈子。没人管他的出勤了，于是他便得寸进尺：组织抗议活动、毁坏公物、碾压敌人。2014年，库马尔愤怒地得知"普通类"法学生——大多数是高种姓的印度教徒——在一次内部考试中比"预设配额类"的法学生得到更低的分数[1]。库马尔参与了ABVP同事的一系列暴力抗议活动，反对校长的"偏袒"，希望校长辞职。那一年晚些时候，北方邦政府决定干预，库马尔一口气告诉我说，是他"独自"去见了地方

---

[1] 印度各邦通过采取在公立学校、政府部门、国有企业为"落后人群"预设配额的方法，矫正社会阶层扭曲的问题。

长官，把他们的要求告诉他。（地方官是由中央政府派遣的，而印度人民党在2014年5月赢得了对中央政府的掌控权。）他说他这辈子还从来没觉得自己这么举足轻重过。"你应该看看他办公室的安保。我进去之前，他们给我拍了照片，还录了视频。我的天，你连个手机都不能带进去。"

库马尔现在把他的狠毒都用在了一件事上：打击穆斯林。像密拉特很多同龄的男性印度教徒一样，他对穆斯林的憎恨与生俱来。密拉特是一个由42%的穆斯林人口和58%的印度教徒人口组成的城市，一直都被划分为"易暴乱"地区。[1]它的第一次教派暴乱发生于1939年，远早于印巴分治，而最近的一次在2015年。成百上千的居民在暴乱中丧生。新闻总是将其归咎于某个偶然事件——印度教徒大学生和穆斯林大学生打斗，一位穆斯林男子娶了名女印度教徒，穆斯林侵占印度教徒财产——但是研究者发现了一个"制度化暴乱体系"的存在。[2]如果一个城市的印度教徒和穆斯林在人数、经济和政治影响力上都旗鼓相当，这些地方的印度教徒相比其他地方就更难和穆斯林共处。1987年，在一次骇人听闻

---

[1] http://ashutoshvarshney.net/wp-content/files_mf/statesorcitiesstudyinghindumuslimriots.pdf
[2] http://www.paulbrass.com/files/Epwarticle.pdf

的教派暴力中，一群印度教准军事组织成员冲进一个穆斯林聚居地，挑了45名男人带到河边，让他们站成一排，然后一个一个开枪打死。45个人，最后只活下来3个。[1]

教派憎恨一般是密拉特的男孩子体验到的第一种强烈感情。穆斯林男孩每赢一次街头群架，库马尔就怒不可遏；每次有穆斯林在他的街区买房子，他也十分沮丧；每当他们街区的印度教徒女孩和穆斯林男孩约会，他就怒火中烧。所以当印度青年民兵团的分会发誓再也不会允许一个穆斯林男人追一个女印度教徒的时候——他们管这叫"爱的圣战"——库马尔立刻加入了该分会。从那时开始，库马尔一队人马会从总部收到消息，说看到一个女印度教徒和一个穆斯林男孩在一起。他的工作就是确保这两个人不会再见面了。对库马尔来说很幸运的是，这个过程不可避免地牵涉一定程度的暴力行为，这是他最喜欢的部分。他在情人节骑着摩托车在街上转悠，拼命寻找印度教徒—穆斯林情侣。"去年很好玩。我观察了那男的一个月，正巧在那一天我看到他和一个达伦波里的女孩在甘地公园里手牵手。我简直无人能挡。"

---

[1] https://scroll.in/article/811062/hashimpura-may-22-1987-the-forgotten-story-of-one-of-indias-biggest-custodial-killings
http://indiatoday.intoday.in/story/provincial-armed-constabulary-faces-flak-for-controversial-role-in-meerut-riots/1/337211.html

如今的库马尔已经得到了当年那个排队要入印度青年民兵团的少年所渴望的一切：威望、地位和荣耀。"不管我站在达伦波里的什么地方，立刻就会有一长队的男人站在我身后。"一个密拉特男人在得到这一切之后，还想要什么呢？库马尔2017年就要毕业了，他手中会有一个商科的本科文凭，却不知道拿着它能干什么。密拉特剩下的上千名男青年也面临同样的境地。库马尔已经对未来感到焦虑——他无法做回透明人了。他知道面前只有一条路。"我在考虑从政"，深深叹了一口气后，他说。

那些解释特朗普的胜选和英国脱欧的时评，把阿尔琼·库马尔这样的人称为全球化的牺牲品，和他一道的有千百万被遗忘的印度青年，他们的愤怒正在改变世界政治。当他在印度青年民兵团的办公室摆椅子的时候，世界正从他身边呼啸而过。库马尔不知道自己能否找到心仪的工作或者心仪他的女孩子。再往深里说，他不知道他对这个世界有没有价值。为了证明自己存在的意义，他只有一个方法：惩罚所有排在他前面的人。他认为这就是政治的意义。他也知道，只有一个政党允许他这么做。

库马尔后来就完全不去上学了。"我把我的时间划分给ABVP、印度人民党和世界印度教徒联合会（简称VHP）——在这个办公室待俩小时，那个办公室待仨小时，一天就这么过去了。"两个月前，当印度人民党在密拉特举办大会的时候，库马尔拼尽全力在这个印度教民族主义政党的最高层面前刷存在感。"有 25 000 人出席，都是重要人物，甚至可以说是名流。"库马尔把所有时间都花在"套近乎"上了。他从桌上拿起手机，开始背诵那些已经"认识他"的人的姓名和电话。他希望我把这些细节写下来。他说如果我想麻烦这些人办事，提他的名字就行。我有点替他难过，虽然我知道他接到电话指示的那一刻就会放弃这个采访，冲到街上去。我问他为什么选择政治。"为了服务国家，"他说，表情肃穆。但是政客不是说当就当的，我说。他笑了，这是那天他第一次笑。他说我不应该瞧不起他，他自有计划，即追随一个计划已经成功的人，走他的路。桑吉特·索姆 2012 年作为来自密拉特的印度人民党候选人赢得了邦议院的席位，但他不是因此成名的。2013 年，在议会选举的几个月前，印度人民党意在赢得北方邦的支持，而这位年轻的议员通过手机转播了一条假视频，直接引爆了北方邦西部的一场教派暴动，导致 50 人死亡、5 万人无家可归。印度人民党在暴动之后的选举中赢得了 80 个席位中的 71 个。索姆这个连书都没读完，最大的本事就是引起印度教徒和穆斯林争端的人，获得了奖赏。[1]自此之后，他一直是密拉特年轻印度教徒们的榜样。"他每次来密拉特，我都跟在他身后"，库马尔说。

库马尔得以近距离观察这位立法会议员还有一个原因。索姆最近雇了一位私人教师教他英语——这个人正好是库马尔的哥哥。一个通过教唆男印度教徒们和穆斯林邻居开战而走上政坛的人，为什么要学英语呢？库马尔解释说，原因很简单。桑吉特·索姆在政治上的成功可以让他一下就获得那种别人要奋斗一辈子才能享受到的生活，但如果他不会说这种特权阶级的语言，他在别人眼里就还是个土包子。他出国访问、会见显贵、混上层社会的时候，英语才是他需要的语言。根据库马尔在密拉特听到的传闻，索姆个人提升的长期计划还包括从澳大利亚拿一个 MBA 学位。库马尔的英语不好，但他倒不太在意。他还有更重要的事需要解决，排在第一位的就是树立他的政治形象。这项工程在最适合他的平台上展开：Facebook。库马尔一共有 6 个 Facebook 账号，每个都面向不同的受众，从密拉特的小混混，到为"爱的圣战"斗争的国际战士，都是他的受众。他每天 24 小时在线，经常

---

[1] http://indianexpress.com/article/who-is/who-is-sangeet-som-taj-mahal-history-muslims-hindu-4893208/

整晚都不睡觉。我问他还有没有时间留给个人生活，他疑惑地看着我。留给女孩，我说，"你喜欢女孩吗？"库马尔告诉我他更愿意"和女孩保持距离"。他的朋友听了这话差点把可乐喷了出来。"他之前有过女朋友，"这个朋友说，"不过她跟别人跑了，一个有钱人。"

"是真的吗？"我问库马尔。

"女孩子啊，"他的目光又回到了手机屏幕上，他嘟囔着说，"她们不值得信任。"已经下午5点了，但库马尔还没有接到上头的电话。等到我们分别的时候，电话显然是不会打来了。印度青年民兵团取消了年度情人节暴力活动的原因是，领导们意识到情侣们不会挤在密拉特的街上和公园里。他们会和以前一样待在肯德基和麦当劳，吃不起这些的人就会攒钱在新建的商场里安全地度过这特殊的一天。库马尔的目标受害者们一整天就坐在他身边——牵着手，交换泰迪熊，你一口我一口地喝可乐——而他唯一能做的就是怒视他们。他们被全球化带来的安全空间保护了起来，也是因为全球化，库马尔被贬到了社会地位排名的末尾。生活看起来对他不公，当他骑着摩托回家的时候，那些在爱情上比他幸运的人都还没回来。这时的库马尔，真的没力气继续战斗了。

***

关于女孩子的问题，两年以后又被提起，这次是在卡尔纳尔——德里和哈里亚纳邦交界处的一个小镇。再一次，我问一个为了保卫印度教的荣誉而准备出发巡逻的年轻人，为什么这么愤怒？和阿尔琼·库马尔一样，萨钦·阿胡贾也把自己看作一个拯救者。不过他要从一群异教徒——穆斯林、基督徒、达利特人——手中救出的不是女印度教徒，而是牛。和库马尔相比，阿胡贾更能适应生活。首先，他更外向。面对提问时，这名26岁的年轻人至少不会把头埋进他的智能手机。他有着摔跤手的身量、黑帮的态度，以及"杀人的执照"——一张国家开具的身份证，证明他是"牛民团"的成员。这是哈里亚纳邦为全国护牛运动做出的贡献，旨在保护神圣的牛不会遭到吃牛肉、穿牛皮的人的"毒手"。[1]

那个晚上，我们倒是没有聊以神圣牛母为名发起的战争。我们的对话中没有一次谈到穆罕默德·阿科拉克，这位年迈的穆斯林劳工因为被怀疑在自己的冰箱里藏了一袋牛肉，而被北方邦西部的

---

[1] https://scroll.in/article/813871/will-haryanas-cow-protection-ids-simply-be-a-licence-for-vigilantism

印度教暴徒杀害。[1]我们也避开了古吉拉特邦的城镇乌纳，那里的一群达利特人被印度教暴徒们绑在卡车后面打到不省人事，因为前者干了由种姓制度分配的工作：剥牛皮。[2]当最后一抹残阳也离开了位于卡尔纳尔中心的寺庙庭院时，萨钦·阿胡贾正和我激烈地辩论女人到底应该是什么样的。他先通过三个非常具体的例子概括了一下女人不应该是什么样的。

（1）女人不能像他认识和喜欢过的那个很好的卡尔纳尔女孩那样，跑到德里去工作，然后和小短裙、夜生活的大城市文化搅和在一起。

（2）女人不能像他最好朋友的老婆那样，因为觉得在家待着给丈夫全家做饭太无聊，就抛下丈夫离开了。

（3）女人也不能像当地媒婆给他挑的那个女孩那样，经他一个住她旁边的朋友调查，基本上和那一片的每个人都在一起过。

"比如你吧，"他指着我的衣服——库尔塔衫和牛仔裤，"你可以穿任何你想穿的衣服，但你明白衣着得体的意义。"我反驳说看一个女人不能只看她穿什么。每次我和阿胡贾在女性问题上有所

---

[1] http://www.bbc.com/news/world-asia-india-34409354

[2] http://indianexpress.com/article/india/india-news-india/gujarat-7-of-dalit-family-beaten-up-for-skinning-dead-cow-2910054/

分歧时，我都试图保持礼貌。"牛民团"是当今印度最令人胆寒的一群人。他们的官方标志是一个鎏金的牛身，两侧伸出刀剑和AK-47。他们的口号是："我们将用生命保护牛母的数量丝毫不变。这是一场让敌人永世不忘的战争。"这支军队以独立共和制运作。他们有自己的团歌和宪章，还有一个车队，以及囤积的武器和军火。牛民团的司令是通过三层投票选出来的；步兵则是通过提交申请表选出的。在哈里亚纳邦，每天都有几十个年轻人申请加入这个队伍。[1]他们被"把法律握在手里"的暴力所带来的刺激深深吸引，"牛民团"的创立者约根德拉·雅利安在罗塔克的办公室这样告诉我。

约根德拉12岁就离开了他的村庄和家人，加入了一个由印度教改革派分支——雅利安社开办的古鲁库。眼前的约根德拉穿着白色棉质的兜提，头发又黑又长。我问是什么驱使他放弃了普通的生活。他说，"不然的话，就是上班—回家—养娃的日子。我想做点不一样的。"正在走向中年的雅利安，确实过着不同寻常的生活。他单身，住在静修所，领导着一支5000士兵的军队。住在静修所的人们每时每刻都要遵守它的常规安排。"4点起床，洗衣服，祈祷，在健身房举重，吃纯素的食物，喝牛奶"，帕敏德·雅利安说。

---

[1] https://granta.com/cult-hindu-cowboy/
http://www.caravanmagazine.in/reportage/in-the-name-of-the-mother

他在白天是雅利安社的高级秘书，晚上是保镖。离开静修所的晚上，我问了他同样的问题。我提醒他说，他本可以上大学，和一个女孩谈恋爱，到酒吧去玩的。"所有23岁的人都能这么做"，他说。他也提醒我，他们中只有极少数人有资格经历他这样的夜生活："飞车、枪战——普通人只能在电影里看到的东西，就是我们的生活。"

萨钦·阿胡贾成为"牛民团"的成员，是因为这让他觉得自己是个"完整的人"。和库马尔不同，阿胡贾加入战斗不是因为年少的血气方刚。他的行动都有方法可循。一个男人想要变得完整，很重要的一点就是他掌握时间的能力，他告诉我。他每天从早上9点到晚上6点卖保险；晚上7点到8点，练习举重；晚上9点以后，他回应牛母的"召唤"。他之所以保护牛，不是因为这和他的印度教徒身份有什么关系，而是因为"牛民团"能带给他一种年轻人最渴望的东西——威望。"人们会服从你，"他这么跟我说，和库马尔与塔库尔的口气一样，"你就不觉得自己缺了什么。"

对于阿胡贾来说，在人生的这个阶段，没有什么比感受到自己对这个世界的价值更重要的了。他身边所有的事情都和过去不同了，说得更直白些，他找不到其他能证明他存在意义的东西了。家庭不能：他尽自己的义务做儿子、孙子、哥哥、姐夫，但这没法让他高其他男人一等。女人不能：他知道自己没有机会的。（"卡尔纳尔的所有女孩子都有男朋友，我大概一辈子也不会结婚了。"）工作也不能：他既没有政府公务员的权威，也没有农场主的趾高气扬。一天 8 个小时，阿胡贾都在卖保险。

虽然他对于做自己的老板、每天拓展自己的生意十分骄傲，他也清楚别人并不关心这些。他们关心的是他的那张身份证——在路口、当地 RSS 办公室、警察局，每当他被人认错的时候，他都会从兜里掏出这张身份证。"牛民团"的身份给予他的并不只是一张身份证。这让他成为这个袖珍小镇从港口到铁路尽头的所有牛的首席拯救者。为了保有这个特权，他要做的就是不断证明自己才是真正的护牛者。要不是因为印度国内有一帮失意者总在他们的 WhatsApp 小组里发并非自己营救的牛的照片，他也用不着这么做。（"他们只会在真的护牛者从走私犯手里救下牛的那一刻去合影，然后立刻点击发送。"）

人们也不知道该不该把护牛者当回事了。就连他们的英雄——纳伦德拉·莫迪也在 2016 年的一次演讲中提到了真假护牛者的问题。[1] 没有人会质疑阿胡贾对于"护牛"的投入，他既能够

---

[1] http://www.firstpost.com/india/beware-of-nakli-gau-rakshak-pm-modi-denounces-cow-vigilantes-for-the-second-time-2940986.html

熟练地讲出牛在印度教里的神圣地位,也能警觉地在街上搜寻被偷走的小牛。但他知道不能洋洋自得。一切都是检验——连护牛人在大巡逻之前喝热牛奶的速度也不例外——每个人都是评委。不知阿胡贾是否预料到他的上级在莫迪演讲后不久的一个晚上会向他抛来一个问题。"牛民团"的地区主席桑迪普·拉纳在寺庙里传递命令时狠狠瞪了阿胡贾一眼,问上个月给他的那两小瓶牛尿怎么样了。阿胡贾愣了一秒,然后说他喝了一半了,每天早上滴两滴在他的水杯里。拉纳要看半空的瓶子的照片,阿胡贾说当天晚上在WhatsApp上发过来。照片恐怕要等一阵了,因为那是个不寻常的夜晚。

就在不到24个小时前,印度士兵冲过了有争议的克什米尔边界,在巴基斯坦控制的领地炸毁了一串军事营地。[1] 于是轮到卡尔纳尔的护牛者们采取边界行动了,虽然他们的边界就在80公里之外那个标志着哈里亚纳邦和北方邦边界的警察哨所。相比地理边界,这更是一个文化边界。北方邦有大量穆斯林和达利特人,而

---

[1] https://economictimes.indiatimes.com/news/defence/army-conducted-surgical-strikes-on-terror-launch-pads-on-loc-significant-casualties-caused-dgmo/articleshow/54579855.cms

哈里亚纳邦以食素的印度教徒居多。[1]掌控哈里亚纳邦的是一个维护印度教徒利益的政党；而统治北方邦的是一个依赖穆斯林选票支持的政党。[2]在权力的舞台上，牛是个很安全的道具。这不是印度教徒第一次用他们的神兽置假想敌于难堪的境地了——一百多年来，圣牛一直是非常好用的吉祥物——这大概也不会是最后一次。

阿胡贾第一个骑着摩托出了寺庙大门，我坐在车里跟着他。车上有五个人——拉纳和其他两个人坐后座，一个年轻的护牛者开车，还有我。杆子和锁链都被扔在后备厢。另外还有至少四队骑摩托或者开车的护牛者跟着我们上了高速。我们在警察局外面下车的时候，后面已经排了一大串车。知道拉纳一行人要来，哈里亚纳邦的警察已经设置好了路障，将两个邦之间的交通完全切断。所有人都进了警察局之后，拉纳给他们分配了当晚不同的任务：有的负责搜查车辆，有的讯问司机，有的获取情报。接下来的两个小时里，护牛者们爬上一辆接一辆急停在路障前的车，给每辆车都来了一遍搜牛行动。每个锁都

---

[1] http://www.tribuneindia.com/news/comment/numbers-favour-dalit-muslim-unity-in-up/297311.html
http://www.huffingtonpost.in/2016/06/14/how-india-eats_n_10434374.html

[2] http://in.reuters.com/article/india-politics-beef-modi-khattar-haryana/bjp-leader-urges-muslims-to-give-up-eating-beef-idINKCN0SA1HK20151016
https://timesofindia.indiatimes.com/elections/assembly-elections/uttar-pradesh/news/samajwadi-party-banks-on-muslim-yadav-formula/articleshow/56698505.cms

被撬开了，每个盒子都被掀开了。那天晚上，哈里亚纳邦和北方邦之间运输的东西很多：苹果、洋葱、肥皂、鸡蛋，还有汽油。但对阿胡贾和他的同僚们来说，很不幸的是，这里面一头牛也没有。

我坐在车里观察了整个晚上。拉纳不允许我出去，说是担心一旦情形失控我可能会吃枪子儿。即使我乖乖待在门窗紧闭的奥迪车里，他都不能保证我一定安全。自封为我的生命和名声的守护者之后，他把我托付给了那晚的司机，一个无比有激情的护牛者。维诺德·苏里亚旺希是一名典型的"仇恨者"，胸中有无限强烈的仇恨之情。我们在黑暗中坐着的三个小时里，苏里亚旺希不厌其烦地给我过了一遍他的"仇恨"清单：穆斯林、国大党、大城市文化、自由媒体。直到几年前，苏里亚旺希还经常和一群激进派印度教徒到北方邦去。就是这群人经常给印度教学生讲，他们的文化和身份如何受到威胁。自从有了智能手机，他就将行动转移到社交媒体上。他现在手上同时运营着 6 个 Facebook 主页，100 个 WhatsApp 群。"从早 7 点到晚 7 点，我在 Facebook 上更新伊斯兰教的议程表。直到凌晨 2 点半，我都一直在 WhatsApp 上社交。"像库马尔一样，苏里亚旺希也把社交媒体用作政治宣传的工具。

他们能够"运营"的 Facebook 主页和 WhatsApp 群越多，运营自己不同政治身份的能力就越强。他们用每个账号建设政治人格的不同方面，从热爱圣牛到抨击孟加拉人都包括在内。发布内容固然重要——新闻文章、个人观点、活动照片——坚持不懈地发布更加重要。我渐渐习惯了一天收几百条 WhatsApp 信息，以及被同一个人申请加六次 Facebook 好友这种事。"所以这些人当中到底哪个是你呢？"我曾问过他们中的一个。他说他也有一个账号是代表他本人的，如果我愿意，他可以以"本人"的身份给我发一个好友申请。我慢慢对这种事习以为常。你需要一个做自己的地方——分享自拍和歌、笑话和励志名言。

和阿胡贾一样，苏里亚旺希也给自己打工。他经营着一家从他爸爸那里继承的借贷公司。"我每天干什么？有人来借钱就借给他，有人来还钱就收个利息"，他说。剩下的时间则属于国家。我表示敬意地点了点头。我们终于过完他的"仇恨"清单时，已经是半夜了。他问我是不是觉得无聊，我说是。他说他要用手机给我放首歌——他小时候最喜欢的一首歌。那是 1990 年代宝莱坞电影里的一首情歌。"心儿疯，心儿狂"（*Dil toh pagal hai, dil deewaana hai*），歌词里唱道。

午夜时分，苏里亚旺希和阿胡贾把我载到一个加油站，我从那打车回德里。阿胡贾有点失落我没能看到他行动，我跟他说我可以找个晚上再来。他会意一笑，知道我再回来经历一次突袭的可能性有多大。他想让我相信他那牛仔的派头,回去的一路他一直在给我讲他那些为了拯救牛母"命悬一线"的戏剧性夜晚——有一次一个走私者开着 SUV 把他的摩托生生从路上挤下一条深沟;还有一次两辆装满牛的卡车从两侧把他的摩托挤在中间。我想告诉他我相信他,但我在下车的时候只挤出一个如释重负的微笑。

***

我觉得不管是阿尔琼·库马尔还是萨钦·阿胡贾,都没那么在乎他们的国家。他们没拿出什么让我信服的理由。对于他们声称为印度教民族主义献身这一点,我也很怀疑。他们加入了保护印度教身份的战斗中,但他们真正为之奋斗的是获得身份,什么身份都行。他们最想要的是在镇上成名——库马尔在密拉特,阿胡贾在卡尔纳尔。库马尔选择加入"爱的圣战",因为这触碰了密拉特的印度教徒对于有魅力的穆斯林的恐惧;阿胡贾宣誓保护圣牛,因为这是印度人民党政府在哈里亚纳邦这个牛母之地的首要任务。他们的做法,就和你照着雇主的好恶修改你的简历是一样的。我并不怀疑他们"仇恨"的缘由:自以为是的女孩们,以及变化太快让他们不适的整个世界。但归根结底,他们的愤怒是对于自身微不足道的地位的愤怒。他们的愤怒，就像是一个人被告知自己有特殊通行证，却再也进不去城里最酷炫的酒吧。这是一种年轻人才有的愤怒。不管他们多么努力地想让我感同身受——他们真的尽力了——我也不能真的理解。

维卡斯·塔库尔和他们不一样。我们俩能谈的很多，而且能相互理解。我们的对话通常温和有礼，用英语进行，双方都很有求知欲，谈的都是积极向上的话题。我们是那种可以成为朋友的关系——在同一个城市长大，我的很多老朋友和他有一样的世界观。我们会为了在哪儿见面拌嘴，我假装为他的国大党笑话捧场，他向我保证会看看左翼自由派写的文章。更重要的是，我一直和塔库尔见面是想要看看，他的那些妙语连珠到底是否有价值：用数据和事实武装自己的年轻人能否改变印度政治的未来。

在塔库尔理想的政治里，没有小事的容身之地。"我们要首先消灭那些有具体动机的人提出的狭隘的民族主义思想。在我们对当代青年的塑造上，那些整天谈论圣牛、谈论"爱的圣战"的人，应该被耻笑。我支持印度人民党，并不代表我就要杀死穆斯林。古吉拉特邦是怎么回事？古吉拉特邦是世界印度教徒联合会的主要阵地——参加的都是些生活受挫的傻瓜，他们就想打宗教这张牌。莫迪一上台，世界印度教徒联合会就从古吉拉特撤走了。为什

(*Kyun*)？因为莫迪的改革派政策，他的政府是倡导包容性发展的。"

塔库尔又一次选择了将莫迪在古吉拉特政策中最符合他自己理念的部分讲出来。我摆出了事实和数据，质疑莫迪2014年在全国推广的"古吉拉特模式"，但他并不赞同。2002年，成千上万的穆斯林死于古吉拉特一场有预谋的暴乱中，那时莫迪刚开始做首席部长；到了2014年，莫迪已经是印度人民党中央选举的头号候选人了。这十几年中，纳伦德拉·莫迪树立起一个实干派领导人的形象：投资增加、商业盈利、政策施行。做实事的同时，他也采取了一系列战略性行动，比如得到媒体的拥护和实业家的认可。他组织了很多吸引眼球的活动，在一众地位很高的重要人物——外国高官、企业巨贾、精神领袖——面前，把自己包装成一个可以带领印度走向未来的人。[1]这个策略奏效了。印度教徒开始把他看作一个能压制穆斯林，并带领印度向前发展的人；而穆斯林则把他看作一个需要敬畏的人，也觉得他能把事办成。剩下的人，包括世界其他国家的投资者，就觉得他是个务实的人，对于别的，他们并不关心。

---

[1] http://www.businesstoday.in/magazine/case-study/case-study-strategy-tactics-behind-creation-of-brand-narendra-modi/story/206321.html
http://www.india-seminar.com/2013/641/641_shiv_visvanathan.htm

他实干家的形象并非没有受到挑战，很多旁观者从他的叙述中指出过问题。他们对比了预期投资和实际的项目，发现他对某些商人会有偏向，他们还统计了他创造的就业机会的数目。[1] 但这些都没用。自从当上总理之后，莫迪涉足了所有新的沟通渠道，从时髦的"空中飞人"到"人民的公仆"，打造自己的多种人设。10个印度人中有2个会收听他每周日在广播上的演讲；他的Twitter有3000万粉丝，Facebook有4000万，Instagram有580万，YouTube有59.1万多关注者。这些让他成为社交媒体上最受欢迎的政治领袖之一。[2]

和纳伦德拉·莫迪一样，塔库尔也想掌握洞察民意的艺术。"公众对于写着空话的大广告牌再也不感兴趣了。你得从思想和观念上和他们联结。公众不在乎宣传报道了，他们需要你用思想和他们互动（*Public prachar pe nahin jaati hai. Vichar ke star pe kaam karna*

---

[1] http://www.livemint.com/Leisure/dLPCSc8BG725fx5dEB07uK/Whats-the-Gujarat-Model-and-whos-seen-it.html
http://www.epw.in/journal/2014/11/reports-states-web-exclusives/gujarat-model-development.html
https://scroll.in/article/855027/gujarat-model-the-gleam-of-states-high-growth-numbers-hides-dark-reality-of-poverty-inequality

[2] http://www.businessinsider.in/PM-Modi-is-the-most-followed-leader-on-social-media/articleshow/56687885.cms

bai)。"2014 年末的一天，塔库尔终于带我来到印度人民党的社交网络作战室。作战室在一幢新的公寓楼里，就是我父母几年前搬进去的那种。公寓的客厅勉强改成一个办公场所，他解释说，让社交网络行动离政党的办公室远一点是为了安全考虑。印度人民党在接下来选举中的社交媒体计划，就由这个办公室里的六人团队来执行。但当塔库尔向他们介绍我的时候，没有一个人从电脑屏幕前抬起头来看我。他们中的大部分人都在忙着想办法，让纳伦德拉·莫迪和在恰尔肯德邦呼声很高的首席部长阿尔琼·蒙达的脸并排出现在印度人民党的底色上。这里面有莲花的问题——政党标志放在哪里才能体现最大的影响力呢？放在两个人脸的中间，整张图的最上面，还是放在一角？看到最终版的图片后，塔库尔给了两条修改意见：把橘色和绿色改得柔和一点，并且去掉莲花团。这张图经过一天时间最终完成，接着会被发给所有能连上网的人民党官方支持者手中。"这张图会通过 WhatsApp 发送到全邦 7 万名正式的印度人民党雇员手中，并通过 160 个印度人民党正式和非正式账号上传到 Facebook 上。"塔库尔一边说，一边把冷饮递给他的同事和我。

接下来的几个月中，我又去了作战室几次。平常的日子里，作战室的有趣程度跟邮局不相上下。塔库尔的同事中既有年轻的

IT能手，也有中年的政党公务员。他们产出的大部分内容——文字、图片、声音和动画的集合——与普通选民的日常生活有关，比如交通、就业、蔬菜价格。大多数时候，作战室的所有精力都用于把尽量多的对反对党的攻击，写进一条WhatsApp信息里。这个团队每天早上做的第一件事就是刷他们的Facebook推送，看他们的朋友都在聊什么：邦内部落政治的崛起，初级公务员职位预约，通货膨胀。然后他们开会选定每天的话题，并把它包装成一个拉选票的推送，并保证其在社交网络上传播至少24个小时。

这项工作的要求并不太高，塔库尔看起来也没有很在乎。"为什么不关注那些会决定印度未来的更大的问题？比如教育、劳动力、产业、中央与地方关系、联邦经济这种。"一次在咖啡馆聊天时，塔库尔爆发了。他开始意识到印度人民党并不是招他来制定议程的，他们只是招他来传播议程的。他很期待夜晚。太阳落山的时候，塔库尔会跑到楼顶，打开门锁，放几瓶威士忌在桌上，然后给所有手机上的重要记者打电话。作为负责党派形象的人，晚上的这次闲聊也是他简报的一部分。讨论印度相关的话题比如何在Photoshop里面调那朵莲花更合他心意。"你应该找个时间加入我们"，他曾经这样邀请我。

塔库尔和我接触过的人们一样传统。比如说，他从不让我付账单。被他邀请到一个满是整晚胡言乱语的醉酒男人的地方，我还是挺惊讶的。他决不会随便给一个当地的女记者这种接触他们的独一无二的机会。我之所以能来，是因为他觉得我见识了兰契以外的世界；如果你在德里住过，那你就见识过一切了。结果我还是错过了这个机会。随着邦选举的临近，塔库尔越来越不在意他每天的战场了。他把这个时间用来建立自己的政治形象：一个有思想的政客。接下来的几个月里，每次我跟他聊天，他都会给我讲对于"洞察民意"的新实验。2014年10月，在选举第一阶段的几个星期前，我又来到作战室，看到他同时在打两个电话。他当时正在组织一场活动：年轻选民和首席部长候选人之间的全面辩论。他亲自拟定了辩论大纲——全市最好学校的学生将会向候选人发问，问题包括技能发展、经济政策、贪污腐败和土地政策。这个想法看起来完全来自维内·辛格尔发在他"国家建设"网站上的问卷调查。

问：最高至终身监禁的严格监禁是否应该用于造成国家损失但能在两年内弥补损失的贪腐？

・应该

・不应该

・不知道

塔库尔说，对于他新建立的非营利政治品牌营销公司而言，这是一个很好的试验场。他打电话也是为了运营一场活动：定场地，在报纸上发通告，准备灯光、音响、交通、食物、饮料。我问他，他的政党对于这个为了民主而服务各方的做法没有意见吗？"你不了解这个事，女士，"他用低沉的政治家的嗓音说，"每个人都会在研讨会上讲话，但是到了第二天，报纸上全部都会是有关印度人民党候选人所说的话。"这场活动在全市最大的体育馆里举行。对于其规模的描述，也只能这么说了。本来就没几个学生来参加，热心提问台上政客的就更少了。候选人们都来晚了，来了之后就一直在抢话筒。报纸第二天确实发了一篇报道，但位置在角落里，不容易被发现。

初选辩论后的一个月，塔库尔告诉我他想办一份报纸，或者至少开个新闻网站。他说，为了在政坛上能有影响力，你必须要想办法控制媒体。两周后，塔库尔决定开一个政治新闻及分析的网站。他问我对于这个主意怎么看，我说这是否又是一个为印度人民党发声的非官方线上媒体？"绝对不是，"他放下电话，看着我的眼睛说，"那些都是胡扯，既没有独创的想法，也没有针对党派路线的异议。我想要的是一个接纳更广泛辩论的空间，接纳所有观点的空间。"

我不知道这会不会像他的上一个政治活动一样"中立",但此时我们不可能让塔库尔反思他的动机。在他的脑海中,他是位远见卓识的领袖,正在走向征途。接下来的几个月中,我每次见到他,他都有一个比上次更大的梦想:建造连锁养老院和孤儿院,找回失踪儿童计划,投资太阳能,接手一个村庄。他似乎已经决定这辈子要做个公众人物。我不知道他在做什么,我也看不到真实的他到底是什么样的。

＊＊＊

之后的一年,我很少见到维卡斯·塔库尔。我在兰契的时候,他都很少在。印度人民党在恰尔肯德邦的竞选活动接近尾声的时候,他大概看出事情的发展并不如他所愿。印度人民党在社交网络上的工作还在进行,但他们并没有注意到塔库尔的领导才能。2014年12月,印度人民党及其联盟获得了恰尔肯德邦81个议会席位中的42个。[1] 选后民调显示,人们表示投票依据是就业、通货膨胀,即塔库尔所说的"蔬菜价格",以及发展工程:道

---

[1] http://www.financialexpress.com/india-news/jharkhand-assembly-polls-vote-counting-begins-in-24-centres/22239/

路、电力、医院。恰尔肯德邦50%的印度教徒把票投给了印度人民党，[1]媒体则不失时机地将胜利归结为"莫迪潮"[2]。恰尔肯德邦的印度人民党分支因为和当地年轻选民成功"联结"而受到表扬，作战室也得以保留。塔库尔对这些新的发展并不感兴趣。他的偶像，印度人民党前任首席部长、当地部落政客阿尔琼·蒙达失去了议员席位。[3]这对于塔库尔的政治生涯是一个巨大的打击，毕竟蒙达是唯一一个曾经认可他潜力的政党领袖。塔库尔曾经对于蒙达去过他家这事很得意，他的家人也为他感到骄傲，觉得他追回了一些他们失去的特权。塔库尔担心蒙达的落选会让种姓问题重新回到邦政治的中心。整个选票分配过程中，各政党以种姓为基础的计算方式让塔库尔很烦恼。他希望最后证明他们所有人都是错的。塔库尔认为，不管公众最终的决定是什么，他的政党如果选出一个非本部落的人在一个拥有大量部落人口的邦作为代表，都将是一个愚蠢之举。12月28日，印度人民党证实了塔库

---

[1] http://indianexpress.com/article/india/politics/its-opponents-divided-bjp-sneaks-through-the-gap/

[2] http://www.firstpost.com/politics/assembly-elections-jharkhand-swept-by-modi-wave-as-bjp-and-ally-set-to-from-govt-2003095.html

[3] http://indianexpress.com/article/india/politics/bjp-gets-clear-majority-in-jharkhand-arjun-munda-loses-election/

尔所担心的事。他们选出一个来自落后种姓的无名小卒作为首席部长,他甚至不是恰尔肯德邦任何一个部落的成员。[1]对塔库尔而言,这标志着他政治生涯的终点。塔库尔想要获得一个席位,唯一的可能性是通过个人成就被授予。但他的个人成就又是什么呢?

2015年10月,是我那年最后一次见塔库尔,我们坐在一个大酒店的大堂。塔库尔晚了一小时才到,还要早走。"有很重要的会议",他说着,把两个大屏手机放在了桌上。我提起选举结果。在他为印度政治的未来郁闷懊恼的时候,我提出印度人民党的决定可能是因为那些高种姓选民担心部落人成为邦掌权者。蒙达可能完全有能力管理恰尔肯德邦,但是包括我父母在内的中产阶级却总是提起他贪污的问题。不出所料,塔库尔又以他那典型的做派打断了我,并纠正我对于贪污的狭隘看法。"你如何定义贪污?"塔库尔放下手中的柠檬汁,冲我问道。"你看,"他拿起一只手机,"这个手机90卢比,但是市场建议价是92。造这个手机需要花的钱已经花了,这个产品不受影响。另一个场景是:这个手机价值90卢比,报价90卢比。结果5卢比已经给出去了,于是虽然这个产品需要

---

[1] http://indianexpress.com/article/india/politics/jharkhand-to-get-first-non-adivasi-cm-as-party-decides-to-elect-raghubar-das-for-the-top-job/

花90卢比来造，你却只花了85卢比。收佣金和贪污是两件不同的事。前一件事，我是先把活干了才收钱；后一件事，活还没干完，钱就已经先花掉了。"

他和政府的关系与潘卡·普拉萨德和政府的关系很不一样，但和普拉萨德这个小小疏通者一样的是，塔库尔也不能想象一个没有灰色金钱交易就能把事办成的系统。我曾问过他，如果他获得了政治权力，他会怎么做。"我会贪污，毫不犹豫地贪污，"他回答我的声音整个酒店大堂都能听到，"你如果不贪，就会被这个体系抛弃。这不是为了赚钱，而是为了展示权力。"那天他给我讲了好多有趣又匪夷所思的事情。"接下来的五年里，我会成为一名议员或者立法会议员。"然而，对于他的党派在中央或者地方政府的未来，他却毫不关心。"对于一名政客而言，选举结束了还能干吗？"所以，他决定用他的时间做点有用的事。他的计划包括开拓他品牌营销公司的服务，开一个半导体装置工厂，并进一步深入未知的领域。

在兰契时，塔库尔把很多时间花在捉鬼上。从2010年开始，他就是一名持证的超自然现象调查员了。自打14岁在辨喜学院上学时有过一次超自然经历，他就一直对他所谓的"超自然现象"十分着迷。"我可以看到听到我周围人都感知不到的东西。"我们第一次见面他就这么跟我说。大学时期，他白天上传媒课程，晚上就解决宇宙的奥妙，为此他还参加了一个美国中西部超自然研究所开设的在线课程。2010年，塔库尔加入了一群超自然现象研究者。这群人在孟买工作，没在检查废弃楼房的其余时间，就在卖剧情转折的点子给恶俗恐怖片编剧。塔库尔已经从这个领域消失很久了，他把自己的精神追求放在了政治生涯之后。而今，他又想要颠倒两者的优先次序了。

他预测说，超自然世界的一些发展将会令指导普通世界的权力结构感到恼火。他说，某些时期超自然世界会通过比震动更强的形式展示影响力，而我们就处在一个这样的时期中。根据他所收到的超自然简报，现在印度见到UFO的报告比以往都要多。他问我是否注意到，越来越频繁的超自然现象会导致政府加紧对公众的控制。我只能盯着我的柠檬汁不作声。他又说，我们需要一种新的政治思想以解决即将到来的宇宙权力结构的更迭。

那时候——距离我见维内·辛格尔还有好几个月——我不知道有政治抱负的年轻人还对重新排列各星球的引力有兴趣。塔库尔又建议我去读一读辨喜的全八卷著作。"他在哲学上的成就，需要西方哲学家再努力两百年才能赶上。"只有那些被点醒的人才能塑造新秩序下的政治。"而这,"他用手划过冷飕飕的空气,指向未知,"只是一个开始。"

参考书目

Swami Vivekananda (2014), *The Complete Works of Swami Vivekananda*, Vols 1-8, Advaita Ashrama.

Christophe Jaffrelot (2011), *Religion, Caste and Politics in India*, Hurst.

Rohit Chopra (2012), *Technology and Nationalism in India: Cultural Negotiations From Colonialism to Cyberspace*, Cambria Press.

5
女愤青

里沙·辛格决定参加竞选时还不到 30 岁,她给了自己两周时间获得胜利。她参加的是北方邦最重要的竞选之一——不是勒克瑙的议会或者德里的国会选举,而是阿拉哈巴德大学的学生会选举。这场选举不仅决定哪个学生党派将在校园甚至整个城市掌权,也被看作一个关乎更大政治局势的最可靠的晴雨表。几十名学生将角逐学生会的五个职位,上至学生会主席,下至文化部部长,围观这场大型选举活动的人数则达几千人。[1]

里沙·辛格要竞选的是学生会主席的职位。过去的一百年里,阿拉哈巴德大学一直是北部印度一个重要的政治战场,而学生会主席就是这个战场的老大。学生们选择参与竞选不只是出于政治上的

---

[1] http://www.epw.in/hi/journal/1970/23/special-articles/student-politics-allahabad-university.html

野心，也因为其他职业选择的严重缺乏。这个学生会职位不只是一个政治职位，对于来自印地语区的城市和乡村的成千上万高校年轻人而言，这更是一个有利可图的职位。大多数学生在大学里多年的勤学苦读不能带来些别的什么，但至少他们有机会进入政治这把保护伞的最中心。

然而，想要赢得这个职位，需要遵循一系列步骤。首先是给自己建立一个好的名声——你要明确一系列影响学生们切身利益的问题，比如宿舍分配、图书馆开馆时间、录取过程中的贪污问题；然后举行演讲承诺会和学校行政交涉；与地方报纸建立联系，为这些活动进行宣传；把这些报道剪下来，在之后的演讲中读给观众们听。同时，你也需要一些资源：最重要的就是要有钱（20万到30万卢比），用来打印竞选海报，雇一群保镖引导集会，给自己和支持者们租SUV，付钱给当地的茶摊和饭馆，以自己的名义给潜在的支持者分发小吃饮料。你还得给自己找顾问，也就是与你有同样政治理念的前学生领袖和政客。当你有了一个政治策略，需要找一位竞选主管来执行。主管需要双管齐下：一方面动员学生中和你同一种姓的成员，另一方面和其他有着共同敌人的团体达成联盟。而这些事都要有酒有肉才能办得成。

这些步骤都到位之后，就该穿上你最白的库尔塔衫，戴上一副炫酷的蛤蟆镜，双手合十站在敞篷吉普的座位上。如果你赢得选举成为学生会主席，一个月之内就能回本。如果你想成为一个疏通者，阿拉哈巴德就是你理想的大本营。学生会主席负责协商大学和任何私人组织的协议，甚至可以以大学的名义给小的学院发学位证书。他同时也直接接触这个城市的保护费经济——不管是建造商、店主、餐厅老板，还是教育机构，所有想要在这里做生意的人都要给他交租以换取安全，防止那些喧闹的学生给他们造成损失。你不会想和这些人为敌，因为参与完学校政治，他们的首选是加入职业黑社会，其次是加入邦议会。更重要的是，学生会主席可以不用提前打招呼就出现在任何人——地方法官、警长、政治党派领袖——的办公室，转达要求以换取合适的补偿。阿拉哈巴德人会说，这是一场男人的游戏——在大学127年的历史中，没有女性敢竞选学生会主席是有原因的。于是，2015年9月21日里沙·辛格宣布参选时，整个阿拉哈巴德都震惊了。

***

你肯定要有点疯狂才敢挑战阿拉哈巴德的男生，他们活着似乎就是为了战斗。大多数对阿拉哈巴德大学的报道都集中在男学生对于混乱的热爱：一个男生不是在校园里制造骚乱，就是在胡打乱闹，或者稍微温和点，也是暴力活动的参与者。他们的过激行为令人咋舌：打破教室的窗户，毁坏餐厅，打室友，给副校长关禁闭，对他的秘书和保安动粗，打其他学生，扔炸弹，甚至偶尔把自己都给点着了。他们爱好武器，且一视同仁：除了炸弹，他们也扔石头、板球拍、曲棍球棍和自制手枪。[1]学校的副校长有个人保安队和紧急避难所。这个城市的警察机关通常也有几支特种部队在待命。而全城剩下的人，其中包括女生宿舍中的2000名女生，除了祈祷什么都做不了。

事情并非一直如此。至少，原本的计划不是这样。英国殖民政府于1885年建立阿拉哈巴德大学，目标是培养一种不同的印度人。他们要在都市文化中培育土生土长的印度人，让他们按照牛津剑桥的标准接受最好的教育，涵盖西方法律、古典学、科学和各艺术科目。教学大纲由麦考利勋爵——他是殖民教育体系的缔

---

[1] https://www.ndtv.com/allahabad-news/student-riot-shuts-down-allahabad-university-478910
http://www.thehindu.com/news/national/allahabad-varsity-closed-as-vc-is-held-hostage-and-students-go-on-rampage/article3359859.ece
http://www.theweek.in/content/archival/news/india/allahabad-varsity-violence-22-held-case-against-2000.html

造者，也是他激发了穆因·汗和沙赫纳瓦兹·乔杜里的愤怒——监督制定，本意是创造一群"外表印度人，内心英国人"。大学的楼宇也是西北省份中最好的建筑，仅次于泰姬陵：皇室的红砖墙、巨大的庭院、拱廊、旋转楼梯、雕花的石柱、尖顶、彩色玻璃天花板，还有郁郁葱葱的花园。教授都是来自帝国教育委员会的佼佼者；而第一批学生则是来自北部和中部的印度教与穆斯林贵族。那时男生们做过的最淘气的事情，不过是即兴表演罗伯特·弗罗斯特的诗。他们说，英语嵌在了这所大学的基因里。到了1920年代，这所大学已经培养了几批被启蒙的学生，他们成了公务员、政治家、科学家、学者和作家，都是印度权力里的中流砥柱。

然后，一切都变了。在独立运动的最高潮，一些学生发现了政治。1920到1925年间，所有自由运动的主要领袖——提拉克、郭克雷、马拉维亚、帕尔、奈都夫人，以及甘地本人——都来到阿拉哈巴德，发表关于反抗和革命的演讲。尼赫鲁每周都在他的家庭住宅里和大学生们交流，他的姐妹们则去到学生宿舍分发革命徽章。学生们变得激进了，学生会也是如此。曾经的学术交流平台，变成一个传播异见的平台。1921年12月，学生会决定抵制威尔士亲王来大学进行访问。1930年，一个学生爬到阿拉哈巴德行政长官办公室的屋顶，在旗杆上升起了印度的三色旗，结果被警方击毙。在抗议中，学生们关闭了学校。那之后的将近一百年中，阿拉哈巴德大学的学生政治一直是印度北部青年文化的反映。大学定义了男人应该有怎样的行为，女人应该有怎样的恐惧，如何获得成功和权力，而种姓、阶层和社区在其中又起着什么样的作用。

***

我一直以为兰契在污秽和混乱上无人能敌，直到我在阿拉哈巴德车站下了车。我在印度的所到之处，还没见过一个地方过去与现在的冲突能造成如此灾难性的结果。坑洼拥挤的道路、盖了一半的楼、裸露的下水道和浓重的雾霾，这些就是在火车站外迎接你的景象。造成这个景象的原因和让印度所有二线城市成为泥沼的原因一样：疯狂施工、过度拥挤、市政崩塌。

然而，还有一处证明这座城市荣耀过往的遗产，仍高高耸立在它新建的钢筋水泥的外观之中，那就是阿拉哈巴德大学的大楼。曾经的红色已经褪成铜锈的颜色，但柱廊仍然一望无尽，穹顶也还像泰姬陵的一样又大又圆，尖顶直通云霄。另外一件没有被时间改变的事，就是这所大学对于整个城市生活和文化的巨大影响。我在学校的宾馆订了一个房间，整个宾馆唯一的变化就是前台多了一台平板电视，一排穿着白色库尔塔衫的男人正坐在那看突发新闻（"邦议会发生骚乱"）。经营宾馆的是一位中年婆罗门，他很少开口讲话，生怕动了嘴里嚼着的槟榔叶。大多数坐在那看新闻的人，都是过来求他给他们的朋友或者支持者订房的。一晚上的房费只要500卢比，想住进来的人已经排了很长的队。

我在一个特殊的时间点来到阿拉哈巴德。那时，全印度大学青年政治的权力更迭正在酝酿中。但核心并不会改变，高种姓印度教男性的利益和所有其他想要挑战他们特权的人相对立，后者包括：其他落后种姓的人、表列种姓、表列部落[1]、穆斯林、基督徒，还有女性。但是这个对立关系的轴心已经变化了。"对立者"现在联合起来，人数可以和印度教徒相匹敌了。印度政府在2006年拓展了国家资助的高等教育机构中基于不同种姓的学位预留，将来自下层群体——农民、部落成员、宗教上的少数派、女性——的学生在印度主要大学中的比例提高到将近一半。如今下层民众在大学政治中拥有了更大的声音，而他们正抓住所有机会证明这

---

[1] 表列种姓与表列部落是因历史原因形成、处于主流社会之外、印度宪法规定的两类社会弱势群体的总称。——编者

一点。[1]

现在印度所有主要大学的校园都成了战场。2014年开始，战争集中在"何为印度人"的问题上。与之前掌权的国大党联盟不同，印度人民党认为这个冲突不应该由学生内部解决。国民志愿服务团制定了针对印度教民族主义更广泛的工作规划，在此推动下，政府大力支持它的校园军队——全印度学生会。[2]

在我走进阿拉哈巴德大学的奢华校园四个月之前，海德拉巴大学的一个名叫罗希特·维穆拉的年轻人，写下一封长长的遗书之后自杀了。他是达利特人—穆斯林联盟的成员，这个组织的候选人在2014年赢得了他所在大学学生会主席的职务。那一年，将近六成的学生属于提前保留名额的类别。接下来的几个月中，达利特人被直接放在了ABVP印度教种姓学生的对立面。2015年8月，双方因为ABVP破坏一部纪录片放映的事起了冲突，那部纪录片讲的是印度人民党明显插手了不久之前北方邦的反穆斯林暴乱，而那场暴乱很大程度上正是桑吉特·索姆和他的WhatsApp视频挑起

---

[1] https://scroll.in/article/805919/the-seeds-of-todays-ferment-in-central-universities-were-sown-in-2006

[2] https://www.thequint.com/news/politics/bjp-stumped-by-young-idealists-gurmehar-kaur-rather-than-rahul-gandhi-akhilesh-yadav

来的。很快，人力资源部就发起了问询，随后引发校内对"反国家主义"投诉的迅速反击。2015年12月，五位达利特族的研究学者，其中包括26岁的物理学者维穆拉，被禁止进入学校宿舍、使用校园内的公共空间，以及参加竞选。2016年1月，维穆拉在宿舍房间的风扇上上吊自杀。[1]

维穆拉死后不到一个月，内政部下令逮捕了德里的贾瓦哈拉尔·尼赫鲁大学的学生会主席，因为ABVP投诉他有"反国家主义"的行为。被逮捕的犯罪嫌疑人是坎哈伊亚·库马尔，他来自比哈尔邦，通过申请获得了落后地区的预定名额才得以进入尼赫鲁大学。他曾参加过一次纪念阿夫扎尔·古鲁忌日的游行，此人是克什米尔人，因为参与了2001年那场造成九人死亡的针对印度国会的袭击而被定罪。他在监狱里关了十几年之后，终于在2013年被执行死刑。直到最后，关于他的定罪和死刑都争议不断。[2]

从查谟到加尔各答，印度人民党掌权以来，所有的主要大学都被卷入了印度教民族主义和世俗自由主义之间的政治斗争。而阿拉

---

[1] http://www.caravanmagazine.in/reportage/from-shadows-to-the-stars-rohith-vemula

[2] https://timesofindia.indiatimes.com/india/JNU-student-leader-arrested-on-sedition-charge-after-Afzal-Guru-protest-event-sent-to-3-day-police-custody/articleshow/50963303.cms

哈巴德大学忠于传统，认为自己正处于斗争的最中心。

＊＊

坐在女生宿舍角落的房间里，我问里沙·辛格的第一个问题是，为什么要参加竞选？辛格瘦瘦小小的，盘腿坐在床上时看起来就更小了。她的穿着是典型的年轻、有政治野心的印度女性的装束：库尔塔衫、牛仔裤、运动鞋，还披着一条披肩。她的脸很小，黑框眼镜后面是一双炯炯有神的眼睛，又黑又直的头发紧紧地梳向后面，扎成一个马尾辫。

辛格告诉我，她在宣布竞选之前对于学生会已经思考了很久。权力对她而言很重要。从上中学开始，她就在为这一步做准备了——她先当了班长，后来又当上校委会主席。学生们都服从她，以至于学校管理层也要听她的。在大学里，她继续拓展她的影响力。作为一所女子学院的经济系本科生，辛格加入了一个性别平权组织。"我开始了解女性权利这个概念，也开始了解父权是什么（*Patriarchy samajh mein aane lagi*）。我开始清晰地看到女性在小城镇社会中的地位，"她说。她开始质疑自己家庭中的权力结构，她的爸爸和哥哥会替她和她的姐妹们做决定：和谁结婚，在哪生活，几点回家。最终,她作为性别研究的研究生进入阿拉哈巴德大学,并受到有生以来最大的震撼。"在校园里你根本看不到女生,她们只出现在课堂上。她们低着头进校门,再低着头出校门。即便这样,也阻止不了男孩子们的非议。"

对于这些非议,辛格选择回怼,这让情况更糟糕了。"他们会跟我的小摩托飙车,那我也飙回去——不然我该怎么办?"但这种斗法看不到头。"然后我决定以我的姿态作为回应。我要让他们知道我明白他们想干什么,但我不会退缩的。"当她和那些男孩子在校外的马路上飙车的时候,辛格会一手握住车把,另一只手不停握紧又松开拳头。"我想让他们知道,我准备好战斗了。"她说,促使她决定参加学生会竞选的都是些小事情,其中一件关于一家茶馆,就在学生会所在的那幢白色的石砌历史建筑旁边。她喜欢在那儿和朋友们见面喝茶,但没几个女孩子敢走进学生会的地盘。全校2000名女生中,没有几个踏入过拉拉容吉这家著名的茶馆。拉拉容吉位处环绕着学校的那条繁忙马路的交叉口,和学生会大楼附近的绿地一样,都是男人们的领地。事实上,男人们的领地包含了阿拉哈巴德所有的公共空间:道路、公园、电影院。女生们唯一可以进出这些场所的办法就是——和男生一起。否则什么都有可能发生——她可能会被盯着看、被嘲笑、被困入一隅,甚至被

"咸猪手"非礼。所以，辛格想做的第一件事，就是让女生们可以自由地在阿拉哈巴德校园走动。

辛格对于比试肌肉的学校政治也很恼怒。"学生会选举完全是男性活动，这让我很不满。整个大学时代，女生们都会把自己关在宿舍里，或者就是选择回家，因为竞选期间男生们的所作所为让人觉得什么事都可能发生，"她说。2014年选举期间，她从可以俯瞰整个校园的女性研究系的阳台上，看到这场传统盛会的全部浮华。"所有浮华——SUV游行、帐篷、宴席，还有各种打斗。我就是在这时候下定决心要挑战这种以肌肉、金钱、种姓为核心的文化。"从那天开始，辛格会定时去学生会茶社，一个人待着。"渐渐地，其他三四个女孩也会跟来。过了一段时间，我们甚至会大声打趣说女孩子有一天会接管学生会大楼。"

2015年的学生会选举日期在9月7日宣布，时间定在9月29日。辛格一开始想要把她的计划告诉家里人，却不知道怎么开口。就在两周前，她爸爸刚刚把她骗到照相馆去拍了一张相亲照。看到照片时他很生气。"他问我，'你为什么穿凉鞋？你难道没有女式的鞋子吗？'我说我还真没有。我问他为什么我没有收到男方在照相馆拍的照片呢？"她爸爸已经存了400万卢比作为她的嫁妆，他是不会因为这种"抖机灵"的话而动摇的。除了爸爸，她还有两个哥哥要对付。

然而她最大的麻烦还是钱。不管你多么节俭，竞选总是需要钱的：印海报，设竞选办公室，每天至少给竞选团队提供一顿饭。9月15日，辛格在宿舍起床之后做了这么几件事。她先是到大学教导员那儿辞掉了兼任的教职。"她很震惊，问我说，'你知道竞选学生会意味着什么吗？'我说，'不知道，所以想要让这件事更容易理解一点。'"然后辛格去了银行。"我发现我从工资里一共存下了8万卢比。我决定全部投到竞选中去。"然后她回家，把计划告诉了爸妈。"我妈妈觉得我疯了，我爸爸以为我在开玩笑。"睡觉前辛格做的最后一件事是把她的朋友和支持者召集起来，宣布这个消息。

这些都搞定之后，里沙·辛格看了看竞争对手的状况。这些政党根据影响力排名如下：印度学生联合会（印度共产党的学生分支，简称SFI）、印度国民学生联盟（国大党的学生分支，简称NSUI）、PCM（Pratiyogi Chhatra Morcha，反对预留学位的右翼组织）、SCS（Samajwadi Chatra Sabha，社会党的学生分支），以及ABVP。距离下一次的邦议会选举只有两年之遥了，胜选的获利史无前例地大。印度人民党已经征服了中部地区。他的下一个大目标——拥有印度五分之一人口的北方邦，从人口上来说可是一块宝地。

但是在勒克瑙，掌权的社会党不会轻易让大权旁落；社会党领袖穆拉亚姆·辛格·亚达夫是种姓政治和权力比拼之下诞生的强人，参加第一次选举之前，他曾经是一名职业摔跤手。利用落后种姓（大部分为农民）和穆斯林的上进心，社会党总是能够掌权。竞选最终就归结为一个简单的定律，而这个定律显然是根据种姓得来的：印度教种姓会投给 ABVP（婆罗门人和卡雅斯塔人）或者 PCM（塔库尔人和班尼亚人）中的一个，那些落后种姓和穆斯林则会支持 SCM。各党派会给他们的学生分支提供所有胜选所需要的东西——资金、影响力和策略。

如果里沙·辛格想要加入这场游戏，她需要找到那些还没有被注意到的人群和还未解决的问题。幸运的是，这些人和事就在她身边。"没有人关心女性，也没有人关心那些社会党票仓之外的表列种姓和表列部落。最重要的是，没人知道普通大学生的需求究竟是什么。"辛格提出的竞选口号——学生会候选人中的第一个——将校园里所有被忽略的人群汇聚成一个统一的阵营。"我们会谈到，给女生制定宵禁，却迟迟不修几年前倒塌的一大片宿舍墙，这是多么虚伪——难道后者不会给女生带来危险吗？我们也会说表列种姓和表列部落的学生很多年都用不上滤水器，也没有可以坐的椅子，却还去找他们要选票，这种行为多么无耻。我们还会涉及农村学生面临的具体问题，比如他们并不像其他学生一样会讲英语和用电脑。"表列种姓和表列部落的学生所住的宿舍相比"普通"学生的宿舍在设施上差很多，这充分证明了之前学生会是如何制定优先次序的。

9月18日，里沙·辛格宣布她将作为独立候选人参加选举。从第二天开始，她和她的团队就进入了全面备战竞选的模式。"一些朋友捐了钱，加起来有4万卢比。我们在宿舍里支起一个小帐篷当作办公室。我们需要一个让男女生都可以进入的主竞选办公室。有人建议去请求附近一家橡胶厂的老板，借用他的门厅，于是我们又在那里支了一个帐篷，后来又有人以我的名义创建了一个Facebook主页。"

与此同时，辛格又去了一次照相馆，拍了一张半身照。和上次的那张不同，辛格这次的装束是库尔塔衫、牛仔裤、围巾和眼镜，这一身不符合相亲照的任何一条要求，但用在竞选场合却十分合适。站在相机后面的摄影师甚至没有要求她笑一笑。在竞选团队印在海报上的照片里，辛格穿着一件明黄色的库尔塔衫——用最少的宣传获得最大的关注度——直视镜头，表情有点犹豫，又很认真。9月19日，她的支持者组织了一场集会，向全阿拉哈巴德宣布了她的决定。参加集会的大概有40人，其中两个男人走在最前面，举着一个印有辛格特写的横幅。女生们则举着黑底白字的标语牌，上面写着奠定辛格竞选目标的口号：一半的人已经做了决定——学生会将属于我们（*aadhi aabadi ka naara hai,chhatra sangh hamara hai*）。

阿拉哈巴德已经很久没见过这么疯狂的情景了。第二天，辛格接到一串电话，一个比一个紧急。大多数来自小圈子里的意见领袖，他们控制学生会选举以及连带的地方权力。他们被称作"Mathadhish"，直译过来就是大主教；他们的工作是"管理"影响选举的人和情况。"他们大多数人说的话都在我意料之中——你根本不知道你在干什么；你把你自己和你的职业都带到了极大的危险中；你将来会后悔的。"这一天结束的时候，电话里的语气已经从"为你担忧的大叔"变成了"黑帮大佬"。他们中的一些人第二天去了她姐姐家。"他们告诉我姐夫，'她就是一个小女孩，什么事情都可能发生在她身上。'这些人想要'管理'我的家人，这让我非常愤怒。"我对我姐夫说，"如果你们不能支持我，那至少不要支持我的敌人。"

那天晚些时候，里沙·辛格从一个学校办公室买了提名权。她应该在转天回到办公室提交申请，但是人们不会简单地过去把表格交了。走进学校大门之前，候选人们会先开车在城里转一圈，后面跟着成百上千的支持者，挥舞着他们的横幅，喊着他们的名字。辛格那天出发的时候，身后跟着 50 个女孩子。他们沿着班克路绕了一圈，在看热闹的人群的集体惊叹中停在了拉拉容吉，向公众讲话。当辛格终于开始向学校进发时，她身后有大概 100 人了，其中包括不少报社记者。行进途中，他们还会在对手的大本营停下来，试图说服那些为对手工作的学生们，应该把票投给寻求改变的人。

接下来的四天里，辛格走进一间间教室，用同一句话开场："不要只因为我是女生而投票给我，但也不要因为我是女生而不投票给我。"第一天晚上，4 名女孩子在她的竞选帐篷前停了下来；第二天，12 名女生加入了她团队的晚间"头脑风暴"会议，讨论竞选思路。"我们对每一个前来的人说同样的话：首先是没有任何一个女生做过学生会主席；然后给他们讲我当选后要解决的问题，比如宿舍倒塌的墙，女生在宿舍外见朋友的时间限制。继而谈到我们把票投给谁由我们的兄弟或者男朋友决定，是多么耻辱。这个方法奏效了。"在几名得力的女生和一些转换阵营的新人的帮助下，辛格的竞选主题曲在半夜空降到了 Facebook 上。歌词的第一句唱道，"朋友们，让我们的爱人告诉我们该投票给谁，但让我们投给自己支持的人。"

"我们的选票这么廉价吗？"竞选帐篷中产生的这个口号在六栋宿舍楼的楼道里发生质问——这说的是一种传统的竞选策略，每一位竞争过学生会职位的男生都用过。他们一般会在竞选前夜出现在宿舍楼的大门前，通过一位忠诚的支持者送进去一袋三角炸饺。而口号的结尾回答说："让我们吃掉所有人送来的炸饺，但把票投给自己支持的人。"那一年，男性候选人们还是带着浸着油渍的袋子准时出现了，但当他们探进头来想找一个友好的志愿者时，站在门口的一群女生要求他们说出自己的竞选方针。男朋友们在规定时间来访时，一些女孩告诉他们，"每年我们都根据你们的要求投票，不如这次反过来吧？"

9月20日晚，学校取消了社会党候选人的提名，因为他的提名表上有个错误。于是这场竞争中只剩下两位热门候选人，都是右翼分子。9月21日，社会党提出从"外部"援助辛格。考虑了五天之后，辛格接受了。"我告诉他们，'我不会接受你们的资金或者其他资源。'我想要的就是他们那份选票。"9月27日早上，她开展了首次竞选集会。辛格在校园里拉选票的时候，200个女生重复着她的口号。当这一天的活动结束，辛格和她的支持者们走向了学生会大楼，坐在草坪上齐声喊："一半学生的口号，学生会现在是我们的了（Aadhi aabadi ka naara hai, chhatra sangh hamara hai）。"于是，女生接管学生会大楼的消息在全市传开了。"男生宿舍慌了，竞选办公室一片寂静，可能他们都在想对策。"辛格说。

辛格的队伍下午5点离开了大学，但并没有回到宿舍去。"我们决定在市里转一圈，在每一个重要地点停下来做一番演讲。"中间他们碰到一位PCM竞选者在演讲，于是决定在马路对面也进行演讲。"很多人在听他的演讲，但我们这边也有女孩子在演讲。很多人就是好奇发生了什么，于是跑到我们这边来听。当时场面很疯狂——马路对面的PCM支持者开始朝我们这边扔石头，当他们发现无法驱散聚在我们这边的人时，他们甚至找来一群牛经过我们这里。"

辛格在凌晨2点回到宿舍，然后哭了一整晚。"我一直在想我可能犯了个大错。我把我的整个人生都赌在了这场竞选上。当我再醒来的时候，我要到学生会的楼顶做一次合格的演讲，证明我是学生会主席最合适的人选。但那天晚上，我心里没底了。我发了高烧，失了声，早上8点还接到一通匿名电话，威胁说一旦我离开宿舍就要强奸我。"辛格大概早上10点钟离开了宿舍，穿上了她最好的一套行头：宝蓝色库尔塔衫、白色紧身裤、白色披肩和她平常穿的运动鞋。她先回了趟家。"我告诉他们今天对我来说是个大日子，我需要他们的祝福。那时他们已经改变了主意，开始接受我的疯狂之举了。'她就是这样，我们也阻止不了她'（*Aisi hi hai, hum usse rok nahin sakte*），他们向担心我的邻居和亲戚解释道。"竞选的最后两天，她爸爸把车借给了她，希望保证她的安全。

辛格载着一车尖叫的啦啦队员来到学生会大楼，当时一名学生会副主席的竞选者正在激情洋溢地演讲。她没法直接走到她在楼顶上的位置，因为整个阿拉哈巴德似乎都挤在大街上；而大学里的所有人——学生、老师、职员——都在学校里面席地而坐。整个城市的警察和协警那天都驻守在学生会大楼里面或者附近，媒体也是一样。学生会选举是阿拉哈巴德每年最大的公众活动了。演讲最好的候选人会赢得选举，而赢得选举的候选人也就赢得了管理整个校园的权利。辛格告诉我："一个小的错误可能意味着一个巨大的挫折，很多人都盼着你犯错。所以他们不会让你轻易拿到麦克风。你从媒体中挤过去时，可能有人会绊你一脚，或者直接过来一拳把你打晕，这都是很常见的。你能怎么办呢？"辛格踏出汽车之前，她的支持者们——大概100人，有男有女——分成两条平行的队伍，手拉手从门口一直延伸到台阶上。"另外一群人一路推着我走到台阶那里，那有一队警察等着接手。"每名候选人有7分钟的演讲时间。第一个被邀请上台的是来自PCM的主席候选人。他力劝阿拉哈巴德人原谅里沙·辛格。"她对我来说就像个妹妹一样,因为一些既定利益误入歧途,才参加选举的。"他一边说一边把手放在喉咙上,以示真诚。

辛格上台的时候,她平静得像圣人一样。她谈到学生会辉煌的历史和糟糕的现状,也谈到了竞选纲领里面没有特别提过的问题:反对罗摩神庙,反对撤销学位预留。她还谈到女厕所,给表列种姓和表列部落学生提供干净的水,以及图书馆为所有人延长开放时间。最后,辛格提醒听众们,她不是任何一个男性候选人的妹妹。

辛格离开学生会大楼时,她还有两天时间拉选票,她把每一分钟都花在了男生宿舍里。"我和一群女生一起去的,我们进行了很多一对一的讨论,倾听他们想要从学生会主席那里得到什么。"投票日那天凌晨,辛格被一名年轻支持者叫醒,对方听起来很慌张。ABVP反击了。"他们让女性支持者把校园里所有印着我照片的海报都撕掉,而我们做了唯一能做的一件事:拿了一摞宣传某个文化部部长候选人的海报,盖在所有ABVP的主席候选人的照片上。"在2000名宿舍学生到投票站排队投票的两个小时前,一个年轻女人逼问辛格,ABVP所说的是不是真的:给她投票是不是就意味着这个人"反对男性"?

五小时后，每个投票箱都被封好送到了行政楼的保险库，计票在第二天晚上6点钟开始。阿拉哈巴德人再次涌到校园的路上。计票应该会在一间戒备森严的会议厅进行，投票结果将通过边墙旁最高的那棵树顶上拴着的大屏幕进行广播。除了副校长和计票工作人员外，唯一允许进入这间会议厅的就是五位学生会主席候选人。辛格是最后一个进去的，她坐在了圆桌旁的最后一个位子上，两边分别是ABVP和PCM的候选人，即她最大的敌人。"那些男生把椅子转向我。他们瞪着我，我也瞪着他们。其中一个人在拍他的大腿，我就一直瞪着他们。"

计票在晚上11点钟结束，街上充斥着对结果的猜测。在约定的时间，计票员大步走向桌子的一端，拿起麦克风宣布了结果。他读出了文化部部长、财政部部长、秘书长和副主席各自的票数，ABVP赢得了所有席位。"最后他宣布主席的得票，从低到高：NSUI（700票），AISA（800票），ABVP（1400票）。他顿了一下，对我来说好像过了很久。终于，他清了清嗓子，然后说PCM是2243票。最终我以11票的优势，总计2254票赢得了竞选。将近100名协警冲进来把我围住。"2015年10月1日，凌晨2点，辛格走进了女生宿舍。宿舍里所有的女孩子都没睡，在草坪上跳舞。又一个不眠之夜后，辛格穿上一条没洗的红色库尔塔衫和蓝色牛仔裤,开始了她如今尽人皆知的向学生会大楼的迈进。"整个宿舍的人都跟在我后面,包括职员、厨师,还有清洁工。"

早上10点,里沙·辛格回到学生会大楼的楼顶,作为阿拉哈巴德大学学生会首位女性主席进行宣誓。人们听不清她说了些什么,因为一边有"罗摩万岁"的喊声——来自ABVP,他们在庆祝他们获得学生会的多数席位;另一边则是成百上千的女性,她们唱歌、跳舞、敲鼓,搞出了不小的动静。辛格的父母没来,他们岁数太大了,受不了这么疯狂的情形。那天他们一直在家里,接电话和接待邻居。"我回家看他们的时候,他们说很为我骄傲。我的脸出现在所有报纸的头版。"因为太过震惊,他们就一直给她重复早上的头条标题:"里沙·辛格创造了历史"。

辛格的胜利意味着巨变:对于阿拉哈巴德大学的政治、阿拉哈巴德市的文化,以及在拼肌肉的政治文化中女性参政的可能性。[1]辛格第一次作为主席前往学生会还是骑着她的小摩托,这是她夺回这些街道的方式。辛格掌权之后没过两天,一个新的口号就在宿舍楼道传播开了:如果女孩子连学生会都能管,谁还能阻止她们进茶馆呢(*Aadhi aabadi ka naara hai, Lalajungi hamara hai*)?

---

[1] http://www.huffingtonpost.in/2015/10/01/allahabad-university-elec_n_8225120.html

辛格的胜利对莫迪时代印度教的、男性的、有攻击性的典型政治提出了挑战。它证明在这个国家的政坛上，还是有空间留给女性的——即便她们的想法会威胁主流政治的核心。每当里沙·辛格谈到她所反对的年轻男性时，我就会想到维卡斯·塔库尔。他的政治理念被他作为 ABVP 成员、印度青年民兵团和护牛团成员的身份所塑造，他选择用暴力对待一切不符合他世界观的东西。对这些人来说，做一个男人是他们政见的核心。也许对他们来说，像里沙·辛格这样的女人对他们身份的威胁比吃牛肉、勾引印度教女人的穆斯林还要大。

她定然扰乱了阿拉哈巴德年轻男人们的世界，他们的第一反应是震惊和愤怒。宣布结果之后的整整一个月里，他们集合成不同的小队，在午夜到凌晨 2 点这段时间里，来到女生宿舍门口。他们清清喉咙，然后飘出一串串污言秽语，使女孩子们不得不用胶带给窗子隔音。没人对此感到惊讶，性别惩罚的威胁一直贯穿着辛格的整个竞选活动。这些威胁从隐晦的"你是个女人"，到残忍的"我会让你再也不敢把脸露出来"。这让辛格感到害怕，但同时也让她嗤之以鼻。不把性别威胁当回事很难，但有的时候你也能看破那背后的虚张声势。100 个男生齐声朝着 2000 个女生喊"婊子"，这个场景和声音既吓人又好笑。宿舍女生们回忆起这事，没有捂着耳朵,而是当个笑话来说。

并非阿拉哈巴德大学的所有男生都恨里沙·辛格。辛格很清楚,她的选票有很大一部分来自女生宿舍之外。但是把辛格看成敌人的男生也很多,而他们中 ABVP 成员又占了多数。他们已经以民主的名义做了很多妥协,也在宣誓仪式之后的拍照环节卑躬屈膝地站在她两侧;他们站在那儿看着她走进办公室,坐在王位一样的椅子上——那椅子铺着白巾,是无所不在的印度国家权力的象征;他们也逼着自己去参加她召集的会议,以掌握学生会的议事日程。他们这么做大概是期望找到一个合适的机会能恢复往日的秩序,这一天到来得并不迟。就在辛格接手学生会的一个多月后,她就迎来了最凶残的敌人,以及学校近年来有记录的最血腥的权力斗争之一。也是这件事,让阿拉哈巴德以外的世界听说了里沙·辛格的名字。

***

2015 年 11 月 10 日早上,辛格的同事推翻了学生会的规定——她被这些同事邀请参加一个会议,要告知她一项关于学生会的决定,他们已经决定了让谁作为学生会就职典礼的首席嘉宾。辛格开始以为这些男生在开玩笑。约吉·阿迪亚纳斯作为就职典礼的首席嘉宾确实足够大咖了，但她无法相信学生会能够认可他出名的理由。作为阿尔琼·库马尔和萨钦·阿胡贾这些印度教民族主义士兵的偶像，阿迪亚纳斯是一位僧人出身的政治家，他最著名的演讲是关于针对穆斯林和管教女人的。辛格进入政坛时就憋着一股气，为什么像阿迪亚纳斯这样的人那么容易就能拥有权力。1998年，这位时年26岁的戈勒克布尔的知名寺院僧人和议会里最年轻的印度人民党成员之一联手建立了一个护牛组织，为了巩固他的印度教选民基础。2002年，纳伦德拉·莫迪老家古吉拉特邦那场反穆斯林暴动发生后不久，约吉·阿迪亚纳斯把他的军队更名为"Hindu Yuva Vahini"，意思是年轻印度教徒的工具，并把它的权力扩展到有关印度教权益的所有问题上。从那之后，他和他的士兵们犯下一大堆刑事罪行，包括"谋杀、暴乱、携带致命武器、破坏宗教场所、擅自进入穆斯林墓地，以及煽动两个宗教团体之间的敌意"。

辛格告诉她的同事们，他们不能未经她的同意就邀请他来参加学生会就职典礼。"我说，'约吉不能参加就职典礼，因为大学不只属于某一个种姓或某一种宗教的学生。'"他们告诉她请柬已经发出，约吉也接受了。"他们说要么请他，要么就没人了。他们问我想怎么做。"辛格第二天举办了一场新闻发布会，告诉记者们发出去的那些底部写着她名字的邀请卡和她本人没关系。她说她最不想做的就是邀请一个煽动暴民的宗派主义者给一个民主选举出的组织举行就职典礼了。[1]第二天，她的头像又登上了头版，紧挨着她抨击的那个人的头像。11月15日，ABVP投降了，他们又发了一轮新的邀请卡，上面没写她的名字。"他们坚持要求这个活动一定要举行，因为他们拥有学生会的大多数席位"，辛格说。学校已经分给他们一大片地方支起一个巨大的帐篷，来招待成千上万来自北方邦各地的阿迪亚纳斯的追随者。

辛格在回宿舍的路上走过帐篷，看到几十名ABVP的志愿者在那边摆弄花束装饰。她拿一张白纸写下了她的抗议声明。"我找到副校长，把那张纸给了他。"11月17日早上，副校长召集学生会的高层开了个会，要找到事情的解决办法。学生们一直在问关于对峙的问题，报纸每天都会出个报道。"来开会的应该有5个人，但是当我进去的时候，屋子里有100个男生，都是ABVP的支持者。他们一看到我就开始大喊：'主席女士在抗议。'"辛格觉得这场面很恶心，又有点害怕。"但我不能表现出来，我离开了房间，并告诉副校长，'当你能够按规矩召集会议的时候再叫我。'"里沙·辛

---

[1] http://indianexpress.com/article/india/india-news-india/ausu-president-says-wont-let-adityanath-enter-allahabad-university-campus/

格开车去了地区长官的办公室，告诉他事情的原委以及她要抗议的决定。"我写下了我的目的，签了字，然后递给他。"到11月18日，学校停了课，学生们分成两个阵营。辛格在学校里到处走，爬上围墙为了吸引学生们的注意力。"没有其他办法能让他们听进去我抗议的理由，你必须站在一个制高点，把你的想法传达给民众（*Aapko apni baat pahunchane ke liye thoda uncha khada hona padega*）。"

就职典礼的安排在11月19日早上终于尘埃落定。约吉·阿迪亚纳斯将在第二天早上来到学校。当天晚上7点，辛格和她的支持者们坐在图书馆的台阶上绝食抗议，这里也是离学校大门最近的一幢楼。[1]围墙以外驻守着100名由地区政府派来的警察。"我们8个人开始举起标语，唱起抗议的歌曲。凌晨1点30分左右，大概30个人闯进了学校大门，对我们发动袭击。我认出他们中的一些人是ABVP的成员，剩下的看起来像雇来的打手。"辛格告诉我，她在一群暴徒中间看到了她的秘书长。"他手里拿着个棍子，准备朝我的脑袋来一下。这时我的朋友扑过来替我挡了这一棍——他气炸了。"没有学校管理层的命令，警察是不能进入校园的。"我仍然抓住这个机会，出去说服他们，但他们说他们不能破坏规定。

---

[1] https://scroll.in/article/770358/in-pictures-allahabad-university-students-protest-to-stop-yogi-adityanath-from-entering-the-campus

我的朋友在我面前被烂揍一顿，我只能靠自己做点什么了，所以我捡起来一根棍子，然后跳了进去。"很快发生了一串动作。"我走过去站在一个被打的朋友前面，结果被推了出去，力气之大让我在倒地的那一刻就摔断了一条胳膊。我在晕倒前看到最后的画面，就是警察进来制止了骚乱。"

辛格在凌晨4点钟回到了宿舍。她一点也不想把那块地方让给ABVP，但是她这边已经没有人了。"而且我的胳膊开始剧痛。我从4点开始打电话，打给这个城市里所有能帮忙制止约吉进校门的人，一直打到6点。"早上5点到7点，大门外架起了一个金盏花的拱门，中间挂着一个标语牌欢迎约吉·阿迪亚纳斯莅临阿拉哈巴德大学。"我在房间里想，如果最终不能阻止约吉，那挨的这些打，受到的这些骚扰，都是为了什么呢？——在骚乱中，有人一把抓起我的杜帕塔，把它甩了出去。我起床，从柜子里拿出一条黑色杜帕塔围在身上，然后走进校园。那时满街都是警察，ABVP的人看到我的时候很惊讶。"辛格爬到墙上，开始向他们喊话。"我说，'如果你们认为还能继续进行这个活动，那你们就错了，我不会允许这个情况发生的。'他们开始喊'罗摩万岁'，我就继续讲话盖过去。"到了早上9点，规模不小的社会团体成员聚集在学校的大门前，跟着他们的还有地区长官和警察局长。市政府接着把所有人都清了出去，然后封锁了大门。虽然没有副校长的命令他们不能进入校园，但是他们有权力阻止阿迪亚纳斯扰乱阿拉哈巴德的法律和秩序。上午11点半，有消息称这位蛊惑民心的政客的车队被政府官员禁止进入市内。[1] "我们的支持者——当时有将近150名——都站在学校大门外。街道的另一边聚集着来自各个邦的印度人民党支持者。他们向我们冲过来，但我们没有退缩。"到了中午，市里开始戒严。两小时后，在女粉丝们的簇拥下，辛格坐在她的房间里，喝着橙汁，解除了绝食。

***

里沙·辛格赢了，又一次。在她看来，这次胜利比上一次还要来之不易。她打败的不是被憎恶和荷尔蒙驱使着的年轻男人，而是一个有影响力的政客和暴徒领袖。我在这件事后不久第一次听说辛格的斗争，并且立刻感到这和我在研究的问题密切相关。接下来的一年里，我多次拜访阿拉哈巴德，想要通过和她及其他人的对话、当地报道、图片、与事件有关的音频及视频，把从她决

---

[1] http://indianexpress.com/article/india/india-news-india/adityanath-barred-from-entering-allahabad/

定竞选到与约吉·阿迪亚纳斯对峙之间的整个故事拼起来。

但等到她的冒险之旅走到这一步，事情的发展就变得比较容易预见了。抗议成了她政治理念的标志，我开始担心她能在这条路上走多远。我也开始担心，面对真刀真枪的政治，她是否真的有天赋。她能否说服对手，甚至与他们合作？她能否面对一个不如她所愿的局面？她能促成一份协议吗？如果她在印度政坛还有未来，那她最终会成为一个什么样的政客呢？她是否会走北方邦前首席部长玛雅瓦蒂的路——那是一个精明冷血的达利特人领袖，善于喊追求正义的口号，以及做种姓计算；或者她会像西孟加拉邦现任首席部长玛玛塔·班纳吉那样——她像一股易燃易爆炸的自然原力一样，至今还保持着最初驱使她作为一名年轻女孩进入政坛的那份简单直接的愤怒？更重要的问题是，里沙·辛格在政坛能撑多久？

2016年5月，我第一次来到学生会。我是坐着小摩托来的，我的司机是阿西娅·拜格，一名历史系二年级的学生，她也是里沙·辛格实际上的竞选经理。辛格开着小摩托去宣布当选的时候，她就坐在摩托的后座上。我们到那儿的时候，天已经黑了，但我还是可以看出这幢宏伟的建筑本身就值得人们加入这场全印度最混乱的学生竞选。

拜格的故事和阿拉哈巴德大学的任何学生都有着不同的开端。当她从郊区的一个小镇来到这里读书的时候，她只想要完成课程然后离开。她在学校食堂第一次遇到里沙·辛格，然后她们立刻就成了朋友。2015年9月，辛格决定竞选学生会主席时，拜格和辛格的其他好友一样，被她的胆量震惊。"我告诉她，不论她有什么样的想法，我都支持她。"拜格站在学生会草坪的中央，如是说。拜格在很多方面都和她的朋友们不同：她更年轻，更活泼，更像个女孩子，在政治理论和实践上，她连辛格的一半都不如。但是当辛格从学校里拿回提名表的时候，让竞选活动运转起来的责任就落在了拜格的肩上。从那之后，这个20岁的女孩子支起了帐篷，写了竞选主题曲，还参加了至少两次绝食抗议。阿拉哈巴德所有知道辛格的人，也都知道拜格。"从大街到商场，不管我们去哪儿，人们都能认出我们。他们指着里沙女士说，'就是这个女人，里沙·辛格——学生会主席'。"

辛格太忙了，经常没时间接听她两部电话中的任何一部，所以一般是拜格回答"主席女士在哪儿"，以及"她接下来什么时候有空"这样的问题。当我坐上去阿拉哈巴德的火车，我也是给拜格打的电话。那是辛格最忙的时候：2016年9月，她正式加入了社会党，并接手它在阿拉哈巴德的学生支部。我问她为什么要这样做，她说这是她为下一步能做出的最好的选择了。她不可能加入印度人民党，而包括国大党和玛雅瓦蒂所在的大众社会党（简称BSP）在内的任何对立党派，都没有向她伸出橄榄枝。

在她加入主流政治之后，她的电话就一直响个不停。人们会为了各种各样的事情找她：一个卖果汁的小贩想在宿舍区寻个摊位；应届毕业生想要推迟公务员准入考试的日期；还有路人为下一次学生会竞选中社会党的席位而游说。阿拉哈巴德警局派来的一队持枪保镖日夜伴其左右。她爸妈还在为结婚的事情唠叨她，但她知道他们也明白，现在给她找个合适的男人嫁出去就更难了。"我跟我爸说，'至少你不用再给他们发照片了。'"在那个周末，我和辛格都离开了。我回到了德里，而她去了勒克瑙。她是被北方邦首席部长和社会党的继承者阿基莱什·亚达夫叫去的。她的学生会主席任期到2016年10月结束。9月1日，学校宣布下一个竞选季开始。这一次，竞争是在社会党和ABVP之间进行的，而它背后的政治意义比上一次选举还要大。在同一天，社会党选择了里沙·辛格作为他们的竞选领袖。

我为里沙·辛格打气加油，因为我对她既愧疚又佩服。我们有一样的理想，但我却没有她那么理想主义，也没有她的勇气。我为世俗主义做的最多就是礼貌地和一个护牛者辩论世俗主义的意义是什么，而辛格则为反对种姓、公社制和父权制——她所说的"肌肉力量"——而斗争，我对于国家政治问题产生的不满，大多数情况下她都有发声。

由女性发起斗争的故事吸引着我；报道并写出她们的斗争，对我来说几乎是对于没有参与其中的一种补偿。在我去阿拉哈巴德见里沙·辛格四个月前，我去了北方邦中部的一个小镇巴拉本吉，见一群年轻的达利特和穆斯林女性，报道一些你在普通报纸上很难看到的故事：种姓暴力、配额泄露、女性自杀。[1] 我曾经跳上一个26岁的达利特女人的自行车后座，让她骑车带着我到处报道。我两只手紧紧抓着后座，她则七拐八拐地骑着车在村子的小路上向各种人——店员、警察、流浪汉——打听一个没有别人会问的问题：前一天晚上在村子井里发现的那个死掉的15岁达利特女孩到底经历了什么？

施拉达·巴斯卡的勇敢体现在太多方面，我在后来写出的文章中并没有足够的空间一一详述。作为一位达利特女人，她敢于在塔库尔种姓为主导的地方四处打听真相，甚至经常与拥有最高权力的人对峙。她一直被各种人威胁：比如村里的某些塔库尔人，

---

[1] https://www.theguardian.com/lifeandstyle/2015/mar/30/female-reporter-rural-india-khabar-lahariya-feminist-newspaper

嫌这个达利特女人不听他们的话；再比如那些政府官员，不喜欢这个达利特女人到处打听流言蜚语；以及各种路人，不喜欢这个达利特女人问他们问题。我惊诧于她的勇气，但她也给自己对正义的追求设了限。有700人订阅了《新闻浪潮》，作为一个倡导社会公平的方言出版物，这已经算很多了，然而它在巴拉本吉之外就鲜为人知了。施拉达·巴斯卡的抗争还是在小圈子里，相比之下，大学层面的学生政治就不同了——更高的风险、更高的回报，也更富戏剧性。而里沙·辛格喜欢的正是这些。当她复述起她激昂演讲中的语句时，总是带着点得意。即便当她说起和最坏的敌人之间的狭路相逢时，你也能听到她声音里的激动之情。她的故事不仅深深吸引了我，也深深吸引了她自己。

2016年9月，我再次回到阿拉哈巴德，但那里已经脱胎换骨成了一座完全不同的城市。从火车站到大学招待所那五公里的车程中，我所看到的海报上的人脸比真正大街上的行人还要多。大学的街道看起来简直就像战争前线——只不过是以纸为武器。地上至少铺着四层竞选宣传单，墙上贴着的也差不多。这一周后来的几天，出现的就不只是纸张了。那天早上的报纸上全都是警察在选举前查获的物品：豪车、枪，以及装满现金的行李箱。接下来的一周里，印度人民党和社会党将向学生领袖提供他们所需要的一切。而据说 ABVP 为了学生会主席的位子不惜付出一切代价。我很想知道由里沙·辛格带领的社会党支队能走多远。我有足够多的机会找出答案。

那天晚上我和辛格爬进了一辆在女生宿舍外面等着她的 SUV。一名年轻的社会党工作人员帮她开车门，车里还坐着另外两名工作人员，他们挤出一个像小男生一样拘谨的微笑。我们被带去参加竞选周的第一场社会党演讲，举行演讲的街区已经挤满了住日租房的大学生。

辛格是当晚的明星演讲者。她的任务是向这个黄金选区介绍社会党的五位学生会候选人。更重要的是，她要告诉台下的观众们，为什么应该选其中一个作为他们的主席。社会党选择阿吉特·亚达夫作为候选人的理由很简单。"为了维护普通学生的权益，我从警察那里挨的打是最多的"，再过一会儿他就会在台上这么喊。他会指着自己额头左侧一条深深的伤疤，告诉台下的听众，他注定要成为他们的领袖。多年前他父母把"vidhayak"（邦议会成员）这个词加在他的名字里可不是白加的。穿着白如灼日的挺括的库尔塔衫，他会告诉底下的人阿拉哈巴德的学生政治代表什么——"从街头到国会"。

阿吉特—辛格组合非常草根，但大家都知道这并不足以赢得选举，因此他们此刻急忙奔向阿拉普尔。他们到那儿的时候，场子已经完全布置好了。台上站着五个身着白色库尔塔衫的年轻男士，台下还有100个年轻男人挥动着厚厚一沓五颜六色的宣传册。所有人都等着这个夜晚真正开始——也就是辛格走进来的那一刻。一群年轻的社会党志愿者抢着去拉开大门，他们屏息静气等着她进来。还没等她的脚真正挨到地面，他们就一窝蜂地拥了上去。这是我见过的最好笑的事情之一，但辛格似乎一点也不觉得有趣。

我意识到权力的天平在一年之后已经改变了。社会党的肌肉型男们都依靠着辛格的明星效应来赢得这场选举，阿拉哈巴德人很难想起上一次一个学生会主席能吸引到这么多人是什么时候了。而辛格需要向勒克瑙的上级证明她不是一个偶然的胜者——这也是她从街头走向国会的唯一途径。确实有很多人认为她那次获胜是凭借着她提供给选民的实际好处，但对她来说不幸的是，也有很多人认为她的胜选和她的政治才能毫无关系。距离这个夜晚一年之后，我和一群男人坐在离得不远的赖伯雷利市，听一位老记者兼当地的权力推手道出里沙·辛格奇迹背后的真相。"她什么也不是，"他说，"不过是个无名小卒。她能赢的唯一原因是她拿到了社会党的选票——那是塔库尔人和亚达夫人的选票。现在大学里60%的学生都来自农村的其他落后阶级（简称OBC）。只要利用社会党的平台，不管是谁都能赢。"当时在场的人都点头表示同意。

但此时在阿拉普尔的这个晚上，一切都是关于辛格的明星效应的；当她拿起麦克风，全场的大学生都沸腾了。她也身穿白色衣服，围着一条社会党的红围巾以炫耀她的新职位。"我向这里所有的朋友致以我社会主义革命的问候"，辛格的第一句话就很有分量。天空中飘下毛毛细雨，给她的脸打上一圈光晕，她把手里的纸展开，读了一首为这个场合准备的诗："我们像暴风雨一样电闪雷鸣 / 我们像地震一样地动山摇 / 敌人们，不要看轻我们 / 我们是社会党，不是那些平庸的政客。"每个人都掏出手机拍下了此刻呼风唤雨的里沙·辛格，然后这些照片立刻被上传到 Facebook 并迅速得到点赞。

这是辛格这晚能得到的最多的关注了——现在是时候说重点了。"投票给这五个人，"她双手合十说，"听我的没错。"她成为学生会主席时还不是社会党的成员，但是她告诉台下的人们，过去一年她为学生们所做的一切都遵照着社会主义的原则：全市免费公交，全校免费 Wi-Fi，"因为社会主义不允许语言歧视"而反对公务员考试强制使用英语的激烈辩论。她提醒大家，去年她也是站在这里，请求他们帮助她创造历史。而这一次，她想让他们帮助她改变未来。"我们不能允许宗派势力进入北方邦，只有一种政治应该统治北方邦，那就是以平等和社会公正为基础的政治。"宣传册在雨点中抛撒出去，伴随着"里沙·辛格万岁"的呼声。而这次辛格没有停顿，"你们在 Twitter 和 Facebook 上口口声声要为这个国家寻求一种新的政治，但是到了投票的时候，你们想的全是自己的种姓和信仰的教派。这次不行！这一次，你们所投出的必须是反对狭隘的民族主义的一票。"

辛格结束演讲的时候，街上挤满了男人，台上也是。面对阿拉普尔的黑夜，作为这里唯二的女性，我们两个是很弱势的。相比自己，辛格更担心我这个外来者。她不但安排她的保镖站在我旁边，在台上也一直看着我这边的情况。那天夜里，她坐在自己的床上告诉我，对她来说新生活最难的一点是平衡她的日常工作和中产阶层对于女性声誉的看法。她几乎每天晚上都在大街上给社会党候选人小队拉票，但她会确保不在很晚的时间去她自己住的街区。"我爸说，'晚上 10 点之后不要出现在这里，不然邻居会有闲言碎语的。'"接受做竞选领袖时，她就了解这个不言而喻的条件。"我会为校园制定策略，但我管不了校外的街头。"

到了街头，管用的不是策略，而是存在感。等到里沙·辛格演讲完回到宿舍之后，剩下的就靠存在感了。辛格可以制定新规矩——"禁止撒钱，禁止开豪车，禁止暴力，拥有候选人的最终决定权"——但是竞选活动进行了三周后,重要的就不是规矩而是结果了。在第二天早上社会党竞选大本营召开的紧急会议上,一群年过60的老党员建议候选人要结合不同种族——亚达夫人做主席,穆斯林做副主席——并且说服警察放还扣押的宝马车,辛格并没有反对。副主席候选人在自我介绍中说他是"一个会在念祷告之前到神圣的恒河里游个泳的穆斯林"以吸引婆罗门选民的时候,辛格也一笑而过。社会党开圆桌会议讨论前一晚那个孤注一掷的宣言——阿吉特·亚达夫·"Vidhayak"说"学生会大过亚达夫联盟吗?"——让社会党失去了多少选票的时候,里沙·辛格甚至都不在场。

到9月21日中午,当我们离开竞选大本营,街头已经变成男性的狂欢。十几个队伍同一时间出现在大学道上:候选人们在最前排,被各自的帮派扛在肩膀上往前走,身后集结着支持者们开的摩托车和SUV,他们挥舞着党派的旗子,高喊各自的口号。与其说这是一场力量展示,倒不如说是一场征战。在竞选演讲的前一天,街上只有四种人:候选人、支持者、记者和警察。里沙·辛格在社会党队伍的前排,她的右手牵着亚达夫人的手,以表示支持;左手牵着我的手,以保证安全。辛格为了解释学生选举的疯狂给我讲过很多故事,我也认真地记下了每一个细节,但是就在此时此刻我才明白她的意思。我被后面一排排的男人猛推着,又被前面的一排排男人死盯着,我不知道这周剩下的几天我还该不该留在这儿。我决定再待一天看看。

到了傍晚,辛格问我想不想参加晚上的"麦克会议"。我只在理论上了解过这是什么——不同候选团队之间的公开辩论——但她告诉我实际上这和我之前看过的任何辩论都不一样。到底是什么,我很快就会知道了。它被称作"麦克会议"是因为不同的竞选团队应该以麦克风为武器进行对决。声音是这个仪式的关键。"擂台"搭在一条狭窄的死胡同两旁,麦克风就支在擂台上。最壮大的两个学生党派相对站在路的两侧,剩下那些不重要的人就自己找地方站着。这一次对垒的是社会党和ABVP。

事实上,比麦克风更重要的是演讲者——体型壮硕、色彩缤纷、震耳欲聋的四个人,每个人紧挨着架起这个台子的四根杆子站着。每个麦克风前站立的不是候选人本人,而是一排该党派的竞选组织者,候选人是被支持者们扛在肩膀上抬着走过走道的。这块场地上挤满了男人,剩下那些没有抬着人的,要么挥舞着横幅,要么到处分发宣传册。方圆500米内,每个人都同时在说话,其中也包括三支专门进行过防暴训练的阿拉哈巴德警察部队。马路的另一边,是对方党派朝着麦克风嘶吼,试图盖过对手的声音。

第一眼看过去，这像是一场毫无意义的活动，因为根本什么都听不见。不过我已经被教育过了，重点不是听见。重要的是对阵双方都要不间断地讲话；目的不是被理解而是盖过对方的声音。这就像是一次发生在大壶节[1]上的说唱对决；竞选前夜，阿拉哈巴德这条小马路上产出的相互辱骂比整个竞选的其他时段都要多。

社会党和ABVP的擂台之间这条窄窄的马路成了当天晚上活动的中心。社会党人率先发力，指责ABVP造成了罗希特·维穆拉的死亡（"你们是杀人犯"）。我知道这一点主要因为我就站在演讲者的身后。辛格站在他旁边，对对面的漫骂报以微笑。站在走道对面的正是她在学生会的同事，她似乎知道他们在说什么，要么就是她完全能猜到所有他们能说的话。当这个夜晚过半，所有人都能看懂当时的情形了——在ABVP台上的男人们先是指了指辛格，又指了指麦克风。在对方震耳欲聋的喧闹声中，里沙·辛格接过了话筒。她微笑着告诉她的前同事们从竞选的第一天她就想说的话："我没让约吉·阿迪亚纳斯进校门，我也不会让你们再进入学生会。"没人听到她说了什么，但这让ABVP那边更愤怒了。话音还没落，一颗炸弹就在我们左侧爆炸了。正当我捂着耳朵跳下

---

[1] 又称圣水沐浴节，节庆期间，印度教徒在恒河沐浴，清洗旧日余孽。——编者

马上就要倒塌的台子时,又有两颗粗制滥造的炸弹接连引爆。警察冲进了烟雾缭绕的街道,剩下的所有人都想一跑了之。我和所有人一样要逃命,虽然我并不知道往哪儿跑。当我在狂奔中找到辛格,我知道我的阿拉哈巴德之旅该画上句号了。

我从没见过如此失控的场面。在这之前,我见过一群年轻男人用稻草扎了个别国的塑像,然后在一个拥挤的市场中央一把火烧了它。他们在烧完的灰烬中猛踩一番,直到把每一点红色都踩成黑的。[1]我还见过另外一群年轻男人一个晚上搜查了200辆大卡车,就为了找穆斯林偷牛的蛛丝马迹。除了极少数的特例,我对于现代印度人之疯狂的广泛观察最终指向了同一缘由:那些年轻男人们因为不知道自己处在世界的什么位置而十分焦虑。而他们最难面对的,就是那些知道自己处在什么位置的女人们。他们可以面对我,因为我的立场是去了解他们的男性力量,而不是威胁。而面对像里沙·辛格这样的人,他们就完全不知道该怎么办。

但里沙·辛格却知道怎么对待他们:不管是能争善辩的印度教信徒、护牛者,还是反情人节的暴徒。这使得学生竞选的疯狂

---

[1] http://www.hindustantimes.com/india-news/not-loving-thy-neighbour-a-peek-into-the-mindset-of-nationalist-china-bashers/story-jQDn7NXUePnmHDRXcgvTYK.html

与众不同。在走道对面冲着她顶胯的男人们之所以这样做,是因为急于证明自己的存在。但她也是一样的。自从决定参加竞选,她基本就没有做过什么保险的决定;本可能取了她性命的男人不在少数。如果列一个单子,排在前面的肯定有为反对学校命令而进行了四天的绝食抗议,以及捡了一根木棍冲进一群挥舞着板球拍的醉汉们中间。

现在,作为一名以"男生就是男生"的观念建立起来的政党的正式成员,她的工作就是领导一群以此为纲的男人。这种情形下,每一秒都充斥着紧张气氛,很难看出她会不会赢。竞选期过了一周后,我就明白不该寻找确定的答案,而应该去关注那些能够确定的事情。对我来说,在那场"麦克会议"的余波中——社会党的队伍曾在竞选大本营集结起来去评估状况——可以确定的是,当天晚上标志着一个高潮的出现。在场的所有人,从辛格的保镖到她的高级顾问,再到她年轻的同事们,没有一个不抱着以牙还牙的态度,每个人都因为被侮辱而怒气冲冲。他们有同样的目标:复仇。最终,站在一大群社会党员中的一个年轻男人对他的领导开了口:"只要你下命令,我们就以牙还牙,以炸弹还炸弹。"回话的是一名资深的学生领袖,他把目光投向辛格,说:"不,让我们以我们的成绩回击。"

转天我离开了阿拉哈巴德，但我一直都在关注辛格。10月1日，她在 Facebook 上，发了唯一一条关于选举结果的更新：ABVP 赢得了学生会主席的职位。也是在 Facebook 上，我看到了辛格政治生涯的又一个里程碑——2017年1月17日，里沙·辛格发布了一条状态，感谢北方邦的首席部长、社会党继承人，给了她人生中最重要的一次机会。她被社会党推举为候选人去参加邦议会的选举，而且是代表她长大的街区。里沙·辛格这次又要去一趟照相馆了。

参考书目

Neelam Saran Gour (2015), *Three Rivers and a Tree: The Story of Allahabad University*, Rupa Publications.
Craig Jeffrey (2012), *Timepass: Youth, Class and the Politics of Waiting in India*, Cambridge University Press India.
Dhirendra K. Jha (2017), *Yogi Adityanath and the Hindu Yuva Vahini*, Juggernaut.

PART

III

第三部分

"一切表象都是假象"

假设你是一名印度年轻人，已经逼自己跨过了最大的阻碍：你告诉自己，我生来就是做大事的人。没人发觉你有本事，但你不怪他们，他们自己也忙着讨生活。现在，你开始思考策略。你知道你最终是要变得有钱又有名，但是怎么达到那一步，得你自己想办法。有一天，一个人给你提供了改变人生的详细计划，每一步都写得清清楚楚。他告诉你说，外面有一个世界能让你这样有梦想没资历的人取得成功，只要你遵循简单的指导。你上钩了，一路按照他的指导行动，做了一切被要求做的事。你改变了自己的形象，改变了走路的姿态，改变了说话的方式。你背下所有可能被问到的问题的答案，以及所有有可能问你问题的人的名字。然后，你孤注一掷地跳入了梦想中的世界。

再然后,你就被困在了降落的地方。这时候你才想到各种没人提醒过你的事情,比如,跳入这个世界的远不止你一个。这个世界里挤满了人,看起来都跟你一模一样。不管是外貌、走路的姿势,还是说话的方式,都跟你别无二致。你怀疑他们也背过同样的答案,以回答同样的问题。但这还不是对真相最致命的疏忽。当你发现只会跟着指导行动是不够的,这才是最糟糕的。没有特殊通行证,你一步也无法前进。你可以回去拿通行证,但是没人告诉你那张通行证是什么样子。到这时,你才意识到自己犯了大错。你选择了一个错误的世界追寻梦想;平常从无到有白手起家的那一套,在这里不通用。这不像开家创业公司,或者教英语谋生,在这个大门紧闭的仙境里,不管你多么努力地追求梦想,它能不能实现总是由别人决定。你后来反思,相比乞求看门人把你放进去,你在这里做看门人岂不是更好?这可能是你在这儿赚钱和获得影响力的唯一途径。

但你已经为整个计划付出了代价,没有回头路了。

***

即便你不是一个追梦者,可能也会遇到同样的状况。你可能就是个普通人,要求也不多:一份工作、一辆车、一套房。但你得先找到工作，才能有其他。然而第一步就不容易。相比工作，可能还是梦想着大富大贵更容易些。

你不明白这是为什么。你觉得自己已经准备好进入就业市场了——你读了些书（"高中毕业64分，商科本科56分"），学了些技能（"英语口语、计算机"），甚至还攒了一份简历。也许简历是你雇人写的，但是你确实想要"在一个能提供学习机会、充满挑战的环境里工作"。你保证"以坚定的决心和毅力努力工作，争取达成公司和个人的目标，成为一个专业人才"。你并非不想要农舍或者奥迪，但就目前而言，挣到月薪就可以满足了。你已经离开了家，数数积蓄，还够撑大概一个月。有天你遇到一个给你开出薪资的人，你谢天谢地。他没跟你说这份工作是干什么的，你也没细想。你希望自己进入的是一个真实的世界，但即便是虚构的你也不介意。你一头扎了进去，这次降落在了梦想世界的中心。这一回你能够掌握自己的命运了。你成了那个创造幻觉、嘲笑别人上当的人。你并不想一辈子做这个，但是你租了房子，还申请了车贷。你不认为你这么做是公平的，但你开始怀疑这个世界也不是靠公平运转的。如果是的话，那自己又怎么会走到这一步呢？

这是一些印度年轻人的故事。这些年轻人准备好加入这场游戏，即便规则使他们捉襟见肘。

6
明星

在兰契一个漫长的午后，我去看了场选美比赛。如果按照全城广告牌的尺寸来算，恰尔肯德邦先生/小姐选美算得上是个大活动了。比赛前几天，报纸已经开始事无巨细地报道：兰契最大酒店的宴会厅已经被预订；上千人参加的海选中筛选出一小撮决赛选手；很多人打电话去预订前排座位。[1] 在昏暗的宴会大厅中央，一个胶合板搭成的舞台上闪烁着五颜六色的灯光。我进去的时候正在进行"民族赛"，台上的男孩女孩穿着色彩鲜艳的传统服饰走来走去，DJ台传来派对歌曲的音乐。参赛者们——十男十女——已经进行了四轮比赛，由坐在舞台左侧的评委进行点评。他们当天晚

---

[1] http://inextlive.jagran.com/video/mr-and-miss-jharkhand-2014-show-in-ranchi-201408130007

上还有六轮比赛，每轮强调一个时兴的主题，"现代""时髦""随性"等等。

每轮都会淘汰一名选手，对于台下主要由亲友组成的观众们而言，淘汰理由并不清晰。他们中的十个人晋级到问答环节。穿着自己最夺人眼球的衣服，他们在台上站成一排，等待一个会使他们的梦想实现或破灭的问题。问题都很普通：你是谁？你为什么想要得到这个头衔？你会用这个头衔做什么？选手们的回答都没能打动评委。最后一个被提问的是个高个子男孩，他穿着一件刺绣的黑色舍瓦尼[1]，留着八字胡。观众们很喜欢他——评委向他提问之前，他以一句低沉的"as-salaam-alaikum"[2]向他们问好。对于他到底是谁，他将用这份荣誉做什么，他并没有给出什么惊艳的回答。他洪亮而清晰地告诉他们的是，他为什么想要成为第一个恰尔肯德邦先生。这个答案在他脑海中酝酿多时了——"因为我拥有一切成为明星的资质。"他说出这句话，好像已经在镜子前演练了多年。掌声之热烈直接锁定了当晚的结果。奖杯和他的装束很搭，他大概就是为了这一刻选择了黑色。

---

[1] 形似燕尾服的传统男士长外套，自莫卧儿帝国时期流行开来，多为开襟，有领。——编者
[2] 阿拉伯语"祝你平安"。

恰尔肯德邦先生——穆罕默德·阿扎尔每天早上都花很多时间设计自己当天的造型。他可能会穿同样的衣服,但从不重复同样的造型。他有一千种方式让自己的造型鹤立鸡群:棕色条纹状山羊胡、当领结的甘查纹围巾、单只黑耳环、文身贴、立起的衬衫领子、踝靴、仿雷朋蓝墨镜。他换发型比普通人梳头发还快。大部分时候他头发很短,但偶尔他把两鬓剃成青楂儿,或把一边的头发剃成一列列的,或者把头发往上梳成一撮一撮的,或者几乎总染渐变的发色。这种虚荣肯定会把人搞得有点不正常。阿扎尔总是在搜寻身边任何可以反光的表面,说起话来也像一个永远被镜头环绕的人。"我的身高和个性是上天给的礼物(*Mera height aur personality Allah ka shukr tha*)。"在兰契购物街的咖啡日咖啡馆里,阿扎尔一米八的大个子蜷在椅子里。"不管从哪个角度来说,我的梦想都很独特,从一开始就是,"他解释自己为何对出挑和出名特别着迷,"我一直都想做点什么让自己红起来,做点不一样的事,做点能给我的家乡带来荣耀的事。"

阿扎尔出生在常合——兰契市区外的一个穆斯林为主的贫民区。这个地方如果上了新闻,绝不是因为那里的年轻人有了什么成就,准是宗派斗争引发的问题。阿扎尔和九个兄弟姐妹挤在一间两居室里长大,全家都靠着他爸爸在电厂做监工的薪水过活。往返于逼仄拥挤的家和空荡荡的学校之间，阿扎尔唯一知道的就是他得离开这儿。他坚信想要离开常合唯一的办法就是做一件大事，让这一片的人都拿他没办法。"你去当模特得了（*Tu jaa modelling kar*）！"有一天他在那儿打扮自己的时候，一个朋友开玩笑说。于是，阿扎尔决定成为一个模特。他觉得这是利用上天给他的天赋赚钱出名的最佳方法。他全身心地投入到这个想法中去：在 YouTube 上看模特们走 T 台（"虽然我的手机屏幕不能放大"），把他房间的一角改作锻炼区（"无手俯卧撑、瑜伽、各种锻炼"），练习用各种姿势拍照，并且把照片传到 Facebook 上求"反馈"。19岁进入兰契的娱乐圈时，他觉得自己已经准备好了。他甚至给自己改了个符合新身份的姓——"汗"，印地语电影圈里一半的大明星都这么干。"你看看我，"他往后靠了一点儿让我看他高大的身材，"是不是像一个'汗'？"

我看到的是又一个对自己命定的人生不满的年轻人。2014年9月，我打电话邀请他喝杯咖啡的时候，阿扎尔·汗已经走出人生中最重要的一步。他不是第一个离开常合的人——每年都有年轻人成群结队地离开这个贫民区，找个不需要什么资历的地方去工作：兰契的快递公司、孟买的工厂、迪拜的餐厅。但阿扎尔选择了更冒险的路。

当阿扎尔·汗准备来这闯出一片天时,兰契已经做好了准备。这个城市有了它很想炫耀的景象:咖啡馆提供招牌拿铁,酒店的酒吧周六晚开派对,当地市场贩卖外国T台上最新的潮流服饰。这里的人们有足够的闲钱可以维持他们对于精致生活的追求。新中产已经摆脱了担心别人看法的负担,出国旅行、在高档餐厅吃饭、去健身房健身都不再是什么新鲜事了。有一天,我来到兰契第一份生活方式杂志《兰契生活》位于老普路上的办公室,对编辑说:"请知无不言。"2010年,当时25岁的施瓦姆·阿加沃尔辞去了他在古鲁葛拉姆的公司的白领工作,回来将他父亲的印刷生意转成做一份城市杂志。我在很多地方都见到了这份杂志,包括机场、酒店的酒吧和美容院。"这股风尚正在蓬勃发展",阿加沃尔说。他把他的苹果笔记本电脑转向我,让我看他妻子和小姐妹们出去"夜生活"的细节——在一间高档餐厅里,这些女人们都穿着小黑裙,坐成长长的一排,他老婆坐在最中间摆姿势。"那天的主题是LBD(Little Black Dress,小黑裙),"阿加沃尔告诉我,说着把电脑屏幕转了回去,"她们每个派对都有主题——沙滩、假面舞会、伴娘团。"从水烟聚会、泳池派对到摇滚演唱会,城里发生的一切足够他每个月填满杂志的版面了。此外,还有为健身房开业、汽车展销、清仓甩卖、手工艺展览、文化活动和公司年会举办的各种时装秀。[1]然而,当阿扎尔·汗为出道寻求平台时,他还是感到很迷茫。

"自打我决定成为模特之后,"阿扎尔告诉我,"不管我走到哪儿,村里人都会跟我说,'阿扎尔,你太适合做模特了,名副其实（*Tu deserve karta hai*）。'但我如果连个走秀都参加不了,那怎么当模特呢？我又怎么能在秀场开始之前就得到消息呢？我都是第二天在报纸上看到那些秀场照片时才知道的。那些一直告诉我说我天生就该当模特的好心人们根本不知道时装秀是什么,也不知道走T台是怎么一回事。"他做了他能做的:在新闻报道中找组织者的名字——如果他够幸运能找到的话,放在 Google 里搜索,记下他们的电话号码和地址,然后去找他们。"前台的小姐让我把作品集留下然后等电话,于是我就给她一个装有我照片的信封,然后等消息。"这些照片是从他发在 Facebook 上的头像中精挑细选的,每个都是不同的造型:有的硬汉,有的忧郁,有的性感。

2012年年初的一天,他在当地报纸上看到一个试镜招聘。当他准时到达现场（一个大学的停车场）时,一群男孩女孩已经排起一条长队了。《我偶尔陷入爱河》本来只是个小地方的低成本电影,

---

[1] https://timesofindia.indiatimes.com/home/sunday-times/deep-focus/The-small-town-sashay/articleshow/47314385.cms

但是汗听说制片人在争取让一位宝莱坞演员在里面露一面。传言在排队试镜主角的人群中传开了，惹得大家心跳加快。汗觉得自己试镜表现很一般，所以第二天有人打电话通知他被选中演主角时，他激动地从床上跳了起来。他后来才明白，当初去面试的所有人都接到了这个电话。当他们急匆匆赶去同一个地方见导演的时候，每个人都被要求交2万卢比的定金才能往下进行。坐在桌对面的人说，就凭我们对你这个无名之辈的信任，这笔买卖很合算的。"我们谁也没有这笔钱，所以大家都退出了"，汗说。有些人——总会有这样的人——后来改变了主意，卖了一辆摩托车或者一块表，但钱却再也送不出去了。制片人和导演的电话号码之后再也打不通了。

不管多么不合情理，这个体系自有它的道理。如果一个人的抱负能够成为另一个人口袋里的钱，那谁会怕承诺呢？我经常遇到这种将自己放在印度年轻人和他们的梦想之间的人，穆因·汗、维内·辛格尔、沙赫纳瓦兹·乔杜里皆在此列。并非所有人都是诚实公正的，他们中的大部分人选择了在那些想要出名的年轻人身上捞一笔。这个骗局从明星这个概念出现时就开始存在了。这让孟买既是梦想之城，也是骗局之城，它的陷阱从拥挤的火车站一路延伸到宝莱坞的电影公司。但现在你用不着跑到孟买来受骗了。

如果在兰契可以追求金钱和影响力，为什么不能在这儿当明星呢？有梦想的地方就有骗局，有追梦者的地方也就有骗子。

这个小插曲没有让阿扎尔失去信心，但此时他明白他的成名之路不会一帆风顺了。事情不像看起来那么简单，但是也无路可退。"我在试镜的时候认识了一个人，他在城里做过模特，他答应带我去他之后要走的时装秀，所以这次试镜也不全是浪费时间。"三周之后，汗就在当地官方会展场地 Zila Maidan 为一家设计公司的时装秀排练了。"在那之前，我对于走秀的所有了解都是在 YouTube 上看的。我的走步就和萨尔曼·汗在电影里走的一样。"如今，阿扎尔把自己交给他的"前辈"训练："'你的脚，'他们告诉我，'应该直直地落在地上。走路的时候肩膀不要动。肱二头肌以上的手臂要绷住，以下的手臂要动。眼神应该一直盯着台下观众——你假装是在看着他们，实际上谁也没看到。'"阿扎尔坐上了从常合出发的班车，背包里是他建立新生活需要的一砖一瓦，"正装衬衫和裤子、时髦些的破洞牛仔裤和 T 恤、墨镜、化妆品"。

阿扎尔·汗终于在一个名为《焚烧：第四季》的活动中"出道"了。这是种"综合表演"：唱歌、跳舞、走秀。汗试镜时表现很好，甚至会在面试团队示意要小费的时候成功塞了 300 卢比。当他走过 T 台，观众报以掌声，他穿着自己买的为自己造型的衣服，脚直直地落地，眼睛看着所有人又没看到任何人。他的一位朋友用手机录下一段视频，在视频的最后，阿扎尔从一位当地老板的手里接过一座奖杯。那天晚上，至少在发现自己错过回常合的末班车之前，他觉得登上了人生巅峰。"我在街上游荡了三四个小时，直到送报车带着当天的报纸要从城里出发。"挤在另两个坐车回村的人中间，阿扎尔·汗从车的后窗看着城市消失在视野中，感到松了一口气。

***

他的生活很快形成了规律。从试镜开始，标准费用是 300 卢比；因为他们都是从同一批人里选拔，所以活动策划都统一要价，既不想比别人便宜也不想比别人贵。对于这些志向高远的未来之星们来说，这个价钱也还能接受。活动策划们需要给各种人付各种钱才能搞起一场活动，他们最后肯定也要赚一点的。而且，和大城市那些打拼者要付的门槛费比起来，这简直不值一提。你还得自己买时装秀用的衣服和配饰，不过幸好每场时装秀要求的 T 台"造型"都是一样的——正装、潮流、西式、民族、复古——不过大家都知道一套衣服不能穿超过两次。相比试镜费，在衣服上花的钱要多得多，而负担不起这些的人就会慢慢掉出追梦者的队伍。

参加第三次时装秀的时候，阿扎尔·汗的积蓄只剩下四分之一了。"普通人有很多节日——杜尔迦普加节[1]、排灯节、开斋节、开斋节前夜，过节前他们要买东西。而我有很多时装秀，走秀之前我要去市场买衣服。"你甚至会知道评委和主要嘉宾分为几大类，根据活动策划者的经费和人脉，他们可能请来银行经理、女子学院时装系主任、车展老板或者不知名的政客。摸着门道之后，他就开始努力精通此道。学会如何自我介绍就费了他不少工夫。"我说服自己要消除心里的恐惧（*ki apna dar nikalna hoga*）。我通过给朋友们打电话聊天练习更自然地说英语。我能听得懂，但是很难说出口。不管怎样，我准备了'你为什么想当模特'这个问题的回答。"他和评委保持着眼神交流，说出了提前准备好的答案，"身高、个性、长得帅、上相"。

当然了，第一条也是最重要的一条原则是，有什么活儿接什么活儿。汗告诉我，每一场秀都是接下一场秀的机会。"当红先生和当红小姐"秀带来了游乐场的共和国日特别活动秀，然后又带来两场大学毕业秀，最终带给他在展销会的第一场"设计师"秀。一个

---

[1] 也称作杜尔迦节，每年10月初起。——编者

季度之后，他的收入是"零"。用汗自己充满诗意的描述，这就是他作为模特的生活："走秀结束，我拿到一份小礼物，坐上送报车回家（*Show khatam hua, memento mila, press gaadi mein baitha, ghar gaya*）。"阿扎尔·汗想要的和我跟采的每个人都一样：钱、名气，抑或两者都要。和穆因·汗、里沙·辛格一样，他知道一切只能靠自己。他为自己的梦想做了最大的努力——他做了所有能够带他到达彼岸的事情，从身材到造型，从练步法到说英语。然而他的任务中有一点与别人都不同，在他寻求成功的这个世界里，还没人找到成功的法则。

***

阿扎尔·汗听说恰尔肯德邦先生/小姐的比赛是在斋月，那时候距离他进入模特界已经两年了。这个比赛听起来就很有吸引力——主打"时尚秀、选美、俄罗斯肚皮舞者、性感女郎派对、来自孟买的特邀DJ，以及苏非派音乐酒吧"。来自当地大学时尚设计系的设计师将复制孟买最新时装周上展示的服装。模特们通过四个城市的试镜选拔出来，观众则由城市精英阶层组成——医生、公务员，以及实业家。

想要通过选拔绝非易事。试镜费300卢比，但所有通过试镜的人还要交2500卢比的押金才能参加这场秀。他们被告知，这笔钱是用来给他们化妆造型的。活动策划说，他们将接受特别聘用的"专家们"的辅导，从他们的步法到英语口语都包含在内，他们还能呼吸到三星级宾馆的纯净空气。汗手上没有这笔钱，但他知道砸锅卖铁也得凑出来——这也是个不成功便成仁的机会。他如果赢得了这个头衔，就再也不用求人给工作机会，也不用白干活儿了。如果能赢，他就可以平蹚孟买的T台，或者信步走进宝莱坞。如果他能成为恰尔肯德邦先生，那他就成大事了。从第一天训练起，他就决定要拿出他的最佳水平。"一个朋友以我的名义帮我申请了银行贷款，我买了一辆摩托车，这样交通就可以方便一点。我选择了'魅力'牌摩托车，这和我想进入的圈子很搭。"

他写了一段非常吸引人的自我介绍，然后录在磁带上练了上千次："亲爱的朋友们，你们好，祝你们安康（*as-salaam alaikum*）。我叫阿扎尔·汗，我的爱好是打板球，参加时装秀，骑摩托。我的梦想是成为最成功的模特，把荣耀带给自己和家乡（*Meri hobbies cricket khelna, fashion shows karna aur bike chalana hai.Dream hai ki main ek successful model banoon jis se mera aur mere area ka naam roshan ho*）。"他在电视上看了太多的才艺比赛了，所以他知道除了比拼的才艺之外，还有很多东西都纳入考量范围。他把教练教的所有东西都用上了,"其他人在彩排前后都会偷点懒,但是我从不允许自己犯错。我每天都花心思做各种造型,为的是给评委展示我的可塑性。我对他们毕恭毕敬,上台问好,下台挥手再见。"当为期两天的比赛终于开始的时候,汗似乎已经获得了优势。好的设计师会选择他,当他上台评委也会投来赞许的目光,甚至有两名女选手都说他看起来挺帅的。"我感觉到我会赢。在台上宣布结果之前,一名电视台的记者就冲进休息室问我感觉如何。我说我现在感觉站上了人生巅峰。"伴着震耳欲聋的号角声,备受尊敬的评委宣布了正式结果,阿扎尔·汗和首席嘉宾——前首席部长的妻子——握了手,从她手中接过了他人生中最闪耀的一座奖杯。

***

被唯唯诺诺的助理们包围着的塔布里兹·汗,看起来像个贩毒头目。即便没有这些助理也是一样——他身材五短,挺着个大肚子,穿着迷彩T恤,袖子卷起来露出结实的肱二头肌,黑色牛仔裤配粗跟黑皮鞋,看起来就很吓人。他的脸又圆又宽,留着山羊胡,头发长而油腻。要不是他开口讲话,我简直不相信那清脆的嗓音和孩童般的笑声会出自他口。不过他不得不开口讲话,他可信不过别人来讲他的故事。刚刚29岁的塔布里兹·汗已经拥有一个正在崛起的活动帝国。他办公室的墙上贴满了他和名人们的合影,展示了他从一个普通人到举办邦里第一个时装周和选美比赛的奋斗历程。

我第一次见他,是在他登上当地报纸副刊的几周之后。他身边聚集着的比赛冠军和其他高官显贵,给他脸上增光不少。他说,我在采访的这个故事非常重要。他很赞同,每个活动策划都在重新定义小城镇的生活风尚。"我开始做生意的时候真是一分钱也没有",这是白手起家的人标准的开场白。他来自一个普通的中产家庭,这种家庭里男人们每个月挣固定的工资。汗第一次反抗传统是从大学退学,这可完全应了沙赫纳瓦兹·乔杜里的那套说辞——市场上最炙手可热的职位,并不需要大学学历。"你四边打量一下兰契,活动机会遍地都是。多亏了这地方丰富的矿产资源,人们口袋里的钱太多了,除了到大城市旅行,他们根本不知道怎么花。然后他们开始在家大办派对。生日派对、婚礼派对、25周年银婚纪念、50周年金婚纪念……你需要准备的就是金椅子、金色的舞台、金色的嘉宾服装、金色的娱乐活动,还有各种老歌新歌。我接到的第一通电话来自一名汽车经销商。他们想办一场年会,需要个舞池和几名主持人。我帮他们安排好了，他们付给我 2500 卢比的策划费。"2007 年，他确信活动策划就是自己命中注定的事业，于是他成立了一间活动管理公司，取名叫"Ramp"（T 台）："你看，这个城市里各种事情都需要模特。不管是汽车展销厅的开业，还是水泥经销商集会，所有人都希望能搞点吸引人的活动。如果接不到活儿，你就自己搞个时装秀，让模特们、设计师们都付点门槛费，请一个政客的老婆当首席嘉宾。我从中能挣多少钱呢？挣不到钱，但是能增加品牌的知名度。"

三年间，这位企业家拓展了公司的业绩，并把公司更名为"Dream Merchant"（梦想贩卖家）。"然后我开始思考：孟买有时装周，德里和加尔各答也有。我们兰契为什么没有呢？所以我就办了一个。"他需要做的就是说服各种人：先是衣料公司的老板，交 150 万卢比就可以获得他想要的一切品牌曝光；然后是服装设计专业的学生们，交 1500 卢比他们就可以向不知道往哪儿花钱的人们展示自己设计的衣服（"要参加拉克美的时装周最少要交 10 万卢比"）；然后是那些还做着明星梦的孩子们，花 3000 卢比就可以完成从默默无闻到出人头地的飞跃（"在五星级酒店走台这种事他们只有做梦才敢想"）；最后要说服前首席部长的老婆，在一个备受瞩目的时装周颁奖正好能让她更进一步——塔布里兹·汗发现了一个成功法则。

***

阿扎尔带着他高高的奖杯回家,在一众亲友和邻居中间,他最先看到了妈妈。"她一直在哭。"然后他看到五个男人,他还欠他们的钱。"不知道怎么传出去说赢得这个头衔给了我50万卢比,所以他们就来要我一次性还清欠他们的10万卢比。"

这10万卢比是他这一年在"圈子"里欠下的债。其实,阿扎尔·汗在走上出名这条路之前,先试了很多赚钱的路。

"我爸的工作是工厂监工。他在这方面有很多经验,但不管在哪儿工作,他都被压榨。他这辈子都拼命工作,赚的钱却很少。后来他没法拼命了,他老了,身体不行了,手脚不灵活了,最后不得不退休。但是那时全家都靠他养——九个孩子还有我妈妈。虽然没攒下什么钱,但我们习惯了之前还算舒适的生活。我陷入了窘境。我哥哥已经读完一个非全日制的工程师课程,还在等分配。所以我必须挑起这个担子。"

高中最后一年,阿扎尔当起了老板。他先开了家中餐馆。

"那是家小快餐店:辣子鸡丁、炒面、馍馍、春卷。就想做个小本生意——10 000 到 15 000 卢比：就准备几套塑料桌椅、盘子和勺子。我在家附近租了一间小屋。放了两张桌子，简单装饰了一下，看起来有种餐厅兼酒吧的感觉（*Uss mein do table adjust kiya,decorations kiya, poora restro-bar feel daala*），我还找了个好厨子。开业特别成功——我们做的所有东西都卖出去了。这种情况坚持了一段时间，比方说我一周花 1 000 卢比，就能挣 4 000 卢比。餐厅开了五六个月，大家都很开心。结果厨子跑了。我也试过其他厨子，但他们都做不出原来的味道，慢慢地客人们就不来了。我们开始亏钱——后来我甚至付不出厨子 200 卢比的日薪。最终我们关了店，把桌椅搬回了家。"

然后是倒卖五金。

"有一天，我遇到一个卖五金的人。做这行最好的一点是'没有老板，没有考勤'（*Sabse plus cheez iss mein yeh hai woh bola ki 'no boss, no time limit'*）。你工作几小时、干多少活儿都自己决定。我觉得这工作很理想。如果他 10 卢比进的件，12 卢比卖给我，我就 15 卢比卖给店家。这些都是做门窗用的零件：门闩、螺钉、门堵……你把样品往包里一装就可以出发了。我在笔记本上写下可能做买卖的商店，然后一个个找上门去——有些店主会让我再拿样品过来。我在这行越做越好，我能说服人们买我的东西，一个月卖 5 万卢比的货，很容易就能赚 5 000 到 6 000 卢比，做得好的时候甚至能赚 10 000 到 15 000。这些钱足够全家的开销了。"

然后，鉴于"一个人不应该依靠单一收入来源"，他开始兼卖男士衬衫。

"我搬到兰契，在一个做衬衫的工厂下面租了一间房。我上去找到厂主，告诉他我可以把他的衬衫卖成抢手货。他同意供货给我，比如一件衬衫 300 卢比，他每件给我便宜 50 卢比，那我每卖给店家一件，就能赚 50 卢比。我有时候也牺牲一点利润，给店家打个 5 卢比、10 卢比的折扣，赢得他们的信任。然后订单就蜂拥而至。生意最好的时候，我一个月能卖 10 万卢比的衬衫。那一年开斋节那个月——那是 2011 年——我卖了 20 万卢比的衬衫，利润有 20%。我家从来没有为开斋节那么奢侈地买过东西，我们花了 2 万卢比。终于转运了。"

然后他开了自己的商店。

"我渐渐意识到，倒卖东西是个有风险的工作。你无法按时收到钱，有时候根本收不到钱。我想：如果我自己开个店是不是更好呢？我直接从生产商进货，在店里卖，然后返给他们利润。所以，有一年开斋节，我在家旁边的集市上摆摊，生意从一开始就很好。但是有件事我没搞明白就仓促地做起了生意——人们只有在节日的时候才买新衣服,所以商店只在斋月期间卖衬衫。于是我弟弟在那儿坐一天,一件衬衫也卖不出去。幸好那时我哥哥终于找到了工作——信实通信,他赚的钱足够养活家里了,我就趁机把店关了。我还是欠一些人钱,加起来将近10万卢比,我一直找借口躲着他们。这事儿我家人一点也不知道,直到讨债人在我带着奖杯回家那天来要钱。"

***

我见到阿扎尔·汗的时候,他只剩几天就必须凑出那10万卢比了,那时他已经想尽了一切办法。他先去找了塔布里兹·汗,毕竟后者也要为这糟心事负一定的责任。"我跟他说,你怎么也得帮帮我,至少给我找个走秀的活儿让我赚点钱。他说他也很想帮我,但是像我这样的新手,他实在帮不上忙。他说我应该先花钱做一套专业的作品集,然后再来找他。"然后,汗就花了好几天在市场上找欠他钱的人,即便只欠1000卢比也不放过。然而他什么也没追到。

最后,他还是去找政府帮忙了。在一个更"有经验"的朋友的建议下,他申请了国有银行的就业计划贷款,开始了自己的"养蜂"事业——"蜜蜂单位"是小型企业中的一种，政府会为这种企业提供门槛很低的贷款。第一期贷款是20万卢比——税后15万卢比，差不多正好可以解决他的麻烦。但是"蜜蜂"怎么搞呢，我问汗。他说有人能在需要的时候立刻借给他一个公司，用来应付检查。我对于他能否把这个骗局进行到底存疑，但此时对他而言似乎也没有其他办法了。如果一切顺利的话，他说他可以用第二期贷款给他的"蜜蜂"做些真正的努力。

汗急切地想要挣脱这个困境，开始他应有的生活。从2014年末到2015年中，每次我见到他，他都会给我讲一个让他的生活回归正轨的新计划。那段日子里，我们每次见面都坐在咖啡日咖啡馆的同一张桌子旁，打开我的笔记本，找出真正的、全国性的印度先生比赛的申请表。他让我帮他填好各种信息，附上他最喜欢的照片，其中包括那张选美比赛当晚他穿着黑色舍瓦尼、用印度传统方式俯身问候的照片。他说，如果能赢得印度先生的头衔，就没什么能阻挠他的梦想了。结果他连一个电话也没接到。后来他甚至一度会在见面前一小时给我打电话，说他没钱给摩托车加油了。他沮丧地说起那些参加了印度先生比赛的朋友们，有一个最近刚刚出现在一张音乐专辑里——在他发在Facebook上的视频里，他穿着波点衬衫，在树下和漂亮的女孩子们跳舞。有一天我们到商场里去见那个MV的制片人和导演。我们走进那间小小的办公室，里提什·库马尔正盯着面前的一杯茶出神。他穿着一件宽松的白T恤，外面套一件牛仔坎肩。他的脸看起来很憔悴又异乎寻常，眼睛凸出，头发又黑又卷。库马尔的座位旁边环绕着他在娱乐界成功的证明：MV剧照、他声称"带出来"的演员的艺术照，以及报道剪报。我们坐下来喝茶的时候，他解释说，这并非他的正职。他主要的工作是"做生意"（我忘了是水泥还是燃气），但他也兼职帮助迷茫的孩子们处理"奇幻世界"的问题。他是有经验的——1992年，他在一个神话题材的电视节目片场当过助理摄像。在那之后的30年，库马尔和其他"有经验"的人一样，把自己放在追梦者和成名之间的那扇大门旁。与所有娱乐圈疏通者一样，他也有自己的一套办法，可以轻松且有把握地获取利益。

"有想要出名的歌手，自己录歌但需要有人帮他们宣传出去。有想要出名的演员，在寻找一些能放进作品集的演出经历，才能去孟买宝莱坞。我帮他们牵了线，共同投资拍了一个MV，这样可以同时展现他们俩的才能。投资都是他们的，我只做技术上的事——申请拍摄许可，拍视频。如果你想在孟买拍MV，森林度假区的拍摄许可是每天16 000卢比；在这里拍视频，每天16卢比，一天可以拍8首歌。"

我问他视频拍完之后干什么。"放在YouTube上,在网上宣传,然后赚版税。"但这都是为了帮助年轻人,他强调。我问他,汗的话要花多少钱才能拍个MV。"那得看他自己(*Woh toh yeh khud sochenge*),"他很不耐烦地看着汗说,"你要自己决定你想要如何建立自己的事业。"他的暗示让这个小房间的气氛紧张起来。"我不是为了自己的利益找你要钱",库马尔把椅子往后拉了拉,终于说了这话。"你看看她,"他让我看他身后的那面墙,"这是一个前印度小姐参赛者。现在如果你想找她合作,最少需要2500卢比。"我意识到库马尔不会在我面前开"价码",所以我找个借口离开了。那天晚上我给阿扎尔打电话,他说库马尔给他开了1万卢比的价。阿扎尔一句话没说就走了。

阿扎尔开始觉得事业不顺不是他的错,而是他所在地方的错。他得离开这儿。在广告片里演一个小角色,他回来就能把欠的债都还上。他开始在报纸上找德里、孟买、加尔各答的试镜广告。广告的格式都是一样的:招聘男生女生,18—25岁,形象佳,性格好,广告/电视剧/宝莱坞电影角色,将照片和简历发送至以下号码。他每天一次次给这些号码打电话。电话里,他假装代表一些听起来名字差不多的制作公司,说他已经把照片和简历按要求发过去了。他们会说，太好了，他已经被加入终选名单了。他们还会加一句，这是一个犯罪剧或者摩托车广告里的小角色，他可以开始为在孟买两周的拍摄打点行装了。他会感谢他们给他这个重要的机会，说到这儿他们就会打断他。"等一下，"他们会突然插一句，"还有一个小步骤要完成：你能记下这个银行账户，然后往里面打 6000 卢比吗？这是为了给你制作艺术家证。"有的时候他会打电话到德里来找我，让我帮他打听一下这些人是不是骗子。我会打给那些号码，然后问电话那头的人有没有什么东西能证明他们的身份——制作公司的地址、网站、Facebook 主页也行。可以想见，他们似乎总在搬家，或者正在建网站。

汗还没有放弃。一天早上，他在报纸上看到德里一所表演学校的广告，看起来很靠谱。上面有个真的地址，还写了从最近的邦际公交站过去的路线，后面甚至有电话号码和一个运营中的网站，网站上面还有很多拍电影的视频。他们提供的机会是：来上我们的表演课，赢得一个角色。一位朋友给他提供了住处，于是他又开始计划了。他得说服家里人让他去，说服讨债的人相信他，然后还得筹一小笔应急基金。

与此同时，我也去了一趟这间演艺学校——C. L. 巴拉尼表演学校。这间学校开在德里非常拥挤的区域的地下室小房间里。通向这个房间的小路上垂下很多电线,人得弯着腰走过去。学校的负责人,C. L. 巴拉尼本人是名中年男子,看起来饱经风霜,眼神很犀利,甚至有点多疑,松散的头发被他染成乌黑。他面前的桌子上扔着各种古代的奇怪工艺品,包括一个破烂的公文包。他背后的墙上贴着一张性感的电影海报,他在电影里演一个脸上涂了很多层白粉的警察,一只手举着手枪,另一只手环抱着女主的腰。我问他这地方就是学校吗?"我们还没有一个固定的地方,我们是在真实的地方上课的——可以是村子,也可以是市场,可以是任何表演剧本写到的地方。"巴拉尼说,表演都是和直觉相关的。他告诉学生们的第一件事就是接受他们所拥有的。"我告诉他们,我会给你一个角色,不管是个多小的角色。我说话算话。这角色可能是个宗教频道上时长五秒的广告,也可能是我们自己学校新闻频道上的一则广告,但是他们都能在电视上讲台词,即便台词是'想成为演员吗?来 C. L. 巴拉尼表演学校。'"过去十五年中,他培养了大概五六十名学生。并非所有人最后都会成为演员。"并非所有学生离开学校都能混得好。我只能保证给他们一个起点。如果他们直接去孟买,可能一下火车就被骗得分文不剩。有的孩子在上了我的课之后去了孟买,过了六七年还没得到面对镜头的机会。"沉思了一会儿,他又说,有一些发展得也还不错。"四个月之前,我接到一个学生的电话。他八年前上过我的课，现在和他兄弟在孟买已经住了七年。他赚钱的办法就是每天在电影城里转悠，求各种在招人的小角色，基本都是群演。一天差不多能挣700到750卢比，一个月干十天，就能养活自己了。"那下一期课什么时候开始呢，我问。"只要有人来就开始"，他说。巴拉尼最近发现了一个更赚钱的方法："孩子们到这儿来，跟我一起住，我管饭。我教他们最基本的东西，给他们一个三小时速成课的CD。这一套打包只用12 000卢比。"

随着时间的流逝，阿扎尔·汗想要获得成功的这个世界越来越显现出它的虚假。在这里，似乎靠别人的梦想为生比自己追梦更容易。在跟访阿扎尔·汗的三年里，我没看到他身边任何一个人成名，连那个自己拍了MV的朋友也没成名。不过，肯定有某人在某地成功了，因为总有来自无名小镇的人空降宝莱坞。但对于成千上万走上追梦之路却不知前路在何方的人来说，他们每迈出一步都比前一步更疯狂。我再见到汗的时候，甚至不用告诉他我见了巴拉尼。他告诉我他拿到了贷款。这是我第一次看到他不为任何事情担心，不管是钱、事业，还是家庭。我起身要离开的时候，他跟我说，这是个预兆，他的生活将变得不同。

***

两个月后，我在兰契火车站酒店的宴会厅碰到了阿扎尔·汗。他坐在一张铺着白布、装点着金丝带的长凳上，面前摆着矿泉水和纸笔。他的打扮第一次显示出成功人士的样子：挺括的白衬衫、蓝色牛仔裤、尖头黑皮鞋。这是新一届"恰尔肯德邦先生／小姐"的海选，作为上届冠军，阿扎尔·汗被邀请来做评委。评委席上其他人的背景各不相同，都是塔布里兹·汗相信绝对不会反对他决定的人，比如他的办公室助理，和一个看起来就心不在焉的朋友。我正走向一排坐在墙边的选手们，塔布里兹·汗突然叫了我的名字，让我加入评委席，当时还差三位重量级嘉宾。他说幸亏我来了，我可以用流利的英语点评选手们的心理素质，剩下的评委负责他们的形体部分。我悄悄坐在他旁边，然后等了几个小时评委席才码齐了人。选手们——大概20名年轻男女，穿着他们最好的衣服——和他们的亲朋好友开始坐立不安了。塔布里兹并不为其所扰，又给评委们上了一轮咖啡和三明治。

第一个从选手席起身大步走过宴会厅的是一名19岁的女大学生，穿着一条她自己设计的闪光小黑裙。她鞠了一躬，坐在椅子上接受"面试"。塔布里兹问她来自哪里，她说来自一个偏远的小村子。他表示很惊讶,她竟然走这么远来参加比赛,她则立刻回答,"我一直梦想着能出名。"塔布里兹示意轮到我问问题,那个女孩子转向我,眼神里渴求我口下留情。我问她为什么想要来参赛获得这个头衔,她说就是因为没有别的事让她感兴趣了。自打10岁在网上看到时装秀的视频,她就觉得自己能干这行,这是一个让她逃离无聊生活的机会。掌握着决定权的塔布里兹宣布说,他无法保证她能进入下一轮,但她的机会很大。她的走步还需要精进,但是有自己的特色。他说她的脸问题更大,选美比赛之前婴儿肥一定得去掉。

塔布里兹不断对之后选手们的身高、体重、牙齿和青春痘提出西蒙·考威尔那样的"诚实"批评,间隙还不忘凑近我继续讲他的个人故事。他觉得,从他一路奋斗的经历来看,和这些人不一样的是他一路不被看好。他说,这些孩子不会懂的,他一个大学肄业的人需要多大勇气才能告诉家里人他想做点不一样的事。他认为,他们不是真的有什么野心,不过是内心空虚想来体验一下。真正的野心是他这样的,会驱使他追求一些超越中产想象力的事情——金钱、人脉,以及掌控他人命运的能力。他的野心还没有完全达成,有些他自己认定的荣华富贵还没得到:一间农舍和一辆奥迪。

塔布里兹·汗把最毒舌的嘲讽留给了一个小伙子，在后者身上他看到了自己年轻时的影子。这个小伙子穿着马甲，留着山羊胡，大步向他走来。塔布里兹给他的问题是，为什么来晚了。小伙子愁眉苦脸地说，他得先送他爸爸去上班，才能过来。塔布里兹问他，有没有告诉爸爸自己想成为明星。还没有，他说，不敢说，但如果他成功进入选美比赛，他会说的。塔布里兹做出了决定："我认为你还没准备好。你听到自己是怎么讲话的吗？你听起来就像一个刚从村里出来的人。你得改进自己的个性和英语水平。明年再来吧。"在之后中间休息的时候，我碰到阿扎尔正对着大堂里一个镜面柱子自我欣赏。他告诉我他很荣幸被邀请来当评委。他还被组织者邀请给决赛选手训练他们的走步和"自我展示"。他说，自己的才能被认可，这种感觉很好。他觉得，事情正在朝更好的方向发展。

***

"我真受够了被利用"，阿扎尔坐在咖啡日咖啡馆的老位子上看着窗外说。距离上次海选的时候见到他已经过去了好几个月。他现在住在兰契，和四个朋友租了一间破烂的平房。"我做的这一切都是在受压榨。他们答应我在塔布里兹的时装周上走秀是付我钱的,我走了。之后一个展销厅开业,我又去给他走了个秀。结果我拿到多少钱?2000卢比。如果他们有点良心,至少应该给我5000。这就算了,他们竟然说是在帮我的忙。"

这两个月里,他也得到了另一种人生经验。"我朋友从一家新开的酒店拿到一个活儿,帮他们组织开业庆典,我们两个一起搞的。我们拿到5万卢比的预算,用这笔钱搞定了所有事——找几个女孩子穿上漂亮衣服在入口迎宾,找了DJ,花环装饰,灯光——最后还省下2万,每人就这么赚了1万!"他这辈子一直相信,只要努力就能成功。现在他觉得这是他听过的最大的谎言:"所有那些拍了MV的人,一个都没能发出来。这种事我受够了。"阿扎尔决定自己组织时装秀了。他要开自己的活动策划公司,举办自己的时装秀。"我去参加过其他城市的一些小活动。那里的年轻人对这些都很感兴趣,也有很大的野心。我有个朋友做我的合伙人,我们要把选美比赛和时装周结合起来,但是会做得更好。"他已经做好了功课。"首先,我要打印出海选的海报,到各处张贴。我们俩一人出1万,差不多就够花了。然后我们要找赞助商,至少需要一个主赞助商出10万满足基本开销,再找一些小赞助商付剩下的零星开销。我们还需要当地政客的支持、警方的许可,这些都需要钱。我们还得做个网站，开个Facebook主页。这个计划目标是让我们两个每人省下10万。"他来见我，是想让我帮他的公司想个名字。我提议"Starmakerz"（造星工厂），他说回去跟合伙人商量一下。那还要不要进军孟买呢，我问他。"孟——买，"他一字一顿地说，好像生怕自己忘了整个词怎么念，"要再等等了。"

***

再见到阿扎尔的时候，是在孟买郊区的贫民窟里。我们坐在塑料椅子上，努力抵挡着突然的强光和巨响。在我们身边，大群兴奋的民众正从小路上向外涌，手脚并用地爬上任何一个能看到前方临时舞台的地方：窗台、阳台栏杆、堆起的石棉板。那是2016年1月26日——印度共和国日的晚上，我们都在等待特殊的节日活动开始。阿扎尔的造型不一样了，他蓄了胡子，也改变了发型——现在是寸头，头顶上立起来两撮稍微长点儿的头发。他看起来也比以前老了。作为一个十分以自我为中心的人，他现在似乎对于周遭的事情十分留心。当我们费力穿过污水横流的孟买贫民窟来到我们的目的地时，他转过身来对我说，他觉得这个地方很亲切，"这里感觉就像米拉路"——像许多孤注一掷的移民一样，他也在这个位于城镇边缘、肮脏拥挤的地方度过了刚来孟买的几个星期。

"我觉得被打败了（*Haar gaya tha*）"，那天早些时候他在安德里的一家咖啡馆里向我解释为什么离开兰契。我们身边都是穿着像明星一样的年轻男女，盯着他们面前的咖啡。这就是此地成千上万在做明星梦的男女们的日常，当地的经济就是由他们每日的等待驱动着的。过这种生活，你需要的就是口袋里有足够的钱能每天买价格不菲的咖啡，然后坐在那儿等着被"发掘"。很不幸，阿扎尔没有钱。他离开兰契是因为他所有发财的计划都失败了。他的活动策划公司也没能开起来，因为他和合伙人都找不到赞助商。他的第一期蜜蜂贷款也用完了。（"我哥哥决定把钱都投到股市里，结果买的股票马上就跌了。"）他甚至还试过用彩票碰运气。"我们四五个人计划组织两个月中每周让人们下一次注，赚20万，然后各自去追梦。万事俱备。这不是个合法生意，所以我们每周都付当地警方一些钱，好让我们继续，我们每个人投资了3万。计划是这样的，每个下注买了彩票的人在开奖的时候都会得到100卢比，赢的那个人则奖励一辆摩托车。开始的两周一切顺利，但是到了第三周人群发生了骚乱。警察不得不来抓我们，我们也只好逃跑了。"

自打我第一次见到他，阿扎尔不是被别人骗，就是计划着骗别人——开始是骗政府拿养蜂贷款；然后骗倒霉的酒鬼们买他的彩票；还用他的活动策划公司骗和他自己一样的人。他也曾想诚实地赚钱，从开中餐馆到卖门把手，但损失却越来越惨重。他觉得欺骗才是成功法则也情有可原——不靠骗人就赚了钱的人，他一个也没见过。所以，不管我费了多少时间试图说服他别这么干，我觉得他早晚还是会走上老路的。他处理失败的办法是一跑了之：彩民、原来的追债人、银行贷款检察院、家庭问题，统统不管了。他带着所有的东西——床单、枕头、衣服、学历证明、护照，坐上一辆去孟买的火车。下了车，就立刻走上了做宝莱坞明星梦的路。他和另外两个来自北方邦想当幕后歌手的年轻人一起在米拉路上租了个小房间。他签了一家就业中介，搞了两个假的工作证明——阿扎尔·汗现在被勒克瑙的一家五金店推荐做"店面主管"，还被加尔各答的一家餐饮商推荐为"餐饮主管"。很快他就在一家品牌的分店做起了店员，月薪15 000卢比，足够他支付房租和其他开支。在孟买落脚之后，他就把所有的业余时间都用来找选角中介的电话，然后不停打过去。到孟买一个月后，阿扎尔无家可归（"两个室友都放弃梦想回家了"）、身无分文（"两个星期后我就辞职了，他们让你在一个地方站10个小时，连午饭的时间都不给"),而且身心俱疲("选角中介——他们总是说会回电话，但是从来也没有回过。在孟买，人们就一直吊着你[*Yahan pe log ghumaate bahut jyada hain*]。")他当然也可以像那两个室友一样回家去，但是逃到孟买来已经够丢人了，如果再逃回去就意味着终极失败。于是，他让弟弟汇了1000卢比到他的账户，然后坐下来想一个新的孟买计划。"我给家里的一些朋友打了电话，想看他们认不认识什么已经在这里落脚的人。他们给了我一群在坎迪瓦利工作生活的人的名字。我跟他们说，我都不认识他们，怎么能要求他们给我个住的地方呢？我的朋友笑我说，你不知道他们的名字，但他们都知道你的名字啊。我成为恰尔肯德邦先生之后，他们都加了我的Facebook，赞了我发的每一张照片。他们肯定愿意帮我任何忙。"他说。

他就这样开始了在孟买的新生活。等我在孟买见到阿扎尔的时候，他已经和另外四个来自常合的年轻人一起住在坎迪瓦利一个工业郊区的两居室里了。他们都在当地一家手镯工厂里当工人。原来每年都有一批年轻人从他们村到孟买来，在同一家工厂干活。这家工厂的老板也是年轻的时候从同一个村子到孟买来的。作为老派商人，他喜欢招自己老家的人。阿扎尔的新室友们都很崇拜他。"他们对我有截然不同的看法。在他们眼中，我来自同一个小地方，但是有着更大的志向。他们在 Facebook 上关注我的模特生涯，为我获得的头衔而骄傲，还鼓励我追求梦想，不要有任何顾虑。我告诉他们，在孟买我什么也不是，我想帮忙做饭和打扫，但他们甚至都不让我自己盛饭。"也是通过村子里的关系，他找到了新的收入来源。"我提出帮助工厂推销手镯，因为我擅长卖东西。我在当地火车上问那些看起来和我背景差不多的人附近的市场都在哪儿，然后把这些地方都记了下来：维拉尔、瓦塞、达希沙。"现在他每天早上都从工厂里拿几副手镯，坐上火车开始一天的生意。"这些都是金属手镯，6 种款式，一盒 12 个。我把他们卖给市场的小贩，价格也不错。就算我一个手镯能赚 5 卢比，那一盒就是 60 卢比。"他给我看了手机上那些闪闪发光的手镯的照片。

***

几小时后，当我们拉开幕布，看到拜库拉分租宿舍的演员休息室时，大家正开始忙碌起来。文化活动在五分钟后正式开始，阿米特·库马尔舞蹈团的八位表演者在橱柜大小的房间里你推我挤，用塑料镜子检查自己的妆容。晚上的节目很简单：女孩子们合着当年的流行曲跳舞，男生则模仿不同年代的宝莱坞明星。一共有五位模仿者，或者叫"二代"（juniors），他们中大多数是中年人，有的很老；而他们所模仿的演员有些早就去世了。他们很费力地想要把胸和肚子塞进明显小了好几号的演出服里，带上不听话的假发。被组织者催着准备上场时，他们又照了照镜子，练习了一下他们要模仿的人的小动作：歪头、少年感的笑容、深情的眼神……肌肉记忆是很有用的。他们知道外面的观众不是为了他们而疯狂，那些迫不及待的尖叫声都是为了屋里最年轻的男人——当地最炙手可热的模仿者。

站在孟买梦的坟墓中间，山·高希，也就是"二代"萨尔曼·汗，身上闪耀着希望的光芒。高希打扮成这位孟买最火的明星最经典的荧幕形象：警察。当晚他的面容和举手投足都是萨尔曼·汗的样子——刮得干干净净的脸上留着小胡子，瞌睡的眼睛，发达的二头肌在短袖里面也尽显曲线。高希当晚压轴登台的时候，那些因为没完没了的过气模仿者和肥胖舞者而抱怨不已的贫民窟观众们，立刻从座位上起身，一股脑地冲向他，嘴里还大喊着"萨尔曼"。接下来的十分钟里，高希将汗最著名的台词和舞步结合起来，展现了一段能让观众们记到下一个共和国日的表演。当他大摇大摆地回到休息室，孩子们争先恐后地去跟他握手，当晚的主持人不得不多次维持秩序，而其他的表演者都躲在幕布后面。不管是不是借了萨尔曼的光,这名气背后都陷阱丛生,不过山·高希似乎非常享受。

  高希是在两年前出名的。2014年初,他在纪录片《做大哥》中出演主角。这部纪录片讲的是萨尔曼·汗的银幕形象对于小镇青年们的影响。[1] 在破旧的电影院里,汗的一些年轻粉丝一看到他出现在荧幕上,就要把自己的衬衫撕扯开。对他们来说,汗就是"大哥"。高希他们一帮人不仅是萨尔曼·汗的粉丝,而且还遵循汗饰演的角色所倡导的价值观来生活。一个Facebook群的成员想要将汗的追随者们都聚集在中央邦的小城钦德瓦拉,这些追随者们将萨尔曼·汗电影角色的所有特征都吸收了,既包括强健的体魄、纯洁的道德观,也包括对传统价值的尊重。高希就是他们的领袖,他不但严格遵循大哥的行为准则——包括宣誓禁欲,以保持身体精力和道德纯洁——他长得也碰巧有点像他的偶像。高希上高中的时候意识到了这一点,然后立刻开始按照汗的样子塑造自己的脸和形体。他花很多时间在健身房里练肌肉,熬夜让眼睛看起来像睡眼,还花钱买了很多汗扮演的角色在电影中穿戴的服饰仿款。当钦德瓦拉的年轻人都在申请银行和铁路工作时,山·高希已经凭着顶胯和

---

[1] https://www.nytimes.com/2014/09/19/arts/international/the-actor-salman-khan-is-focus-of-being-bhaijaan-documentary.html

俏皮话在婚礼和生日派对上嗨翻全场了。

这是一个逃离中产樊笼的绝妙计划。高希如今不用像他父亲一样,大半辈子都在县电力局上班;也不用像他弟弟一样,读完MBA就立刻开始婚姻生活。在纪录片里高希说,如果他长得不像萨尔曼·汗,那他的生活就会像钦德瓦拉任何一个普通人那样,"大腹便便,做个小生意,庸碌地过一生"。和阿扎尔·汗一样,山·高希把自己看作人生的架构师。然而,在文化活动上跳舞不是他唯一的赚钱渠道。高希说,他还投资了房地产,涉足了珠宝设计领域。"沃伦·巴菲特说过,一个人一定要有五种收入来源,这样才总有退路。"

电影首映一年后,山·高希放弃了退路,来到孟买。他和老家的朋友一起在安德里租了个房子,他那双睡眼盯上了宝莱坞。他从萨尔曼·汗的替身表演做起,既能赚点钱,又能打通人脉,为之后开启山·高希个人的演艺事业做准备。我第一次见到高希的时候,这个计划已经启动几个月了。我们是在德里的火车站候车室见的面,他正要坐车回孟买。他说,他不只在孟买做"二代"萨尔曼,像密拉特和印多尔这样的小地方也邀请他去参加文化活动。在德里,他曾和一群来自孟买的"二代"演员们一起在三星级酒店里表演。"扮15分钟萨尔曼·汗就能挣2万卢比,很合算。他也拿到了电影邀请，还一下拿了两部。其中一部他扮演萨尔曼·汗的替身，另一部是和同一个制片人争取下来的角色，演一个与萨尔曼无关的主人公。"来到孟买后，我很快联系了他，问他计划是否一切顺利。他说，差不多吧。他收到很多扮演萨尔曼替身的邀请，但是进军宝莱坞却并不那么容易。拍电影需要花很多时间准备才能开始实施，他说。他还一个都没拍呢，一直在等。当时高希33岁，还很有信心自己会成为一个真正的宝莱坞明星。我问他能否带一带阿扎尔，他才22岁，还在为他的明星梦四处碰壁。高希说，当然可以了。那天晚些时候，我们和他在演员休息室里握手的时候，高希带着十足的大哥范儿瞟了阿扎尔一眼，让他"Facebook联系"。

  阿扎尔那天晚上大部分时间都很难过。他震惊于舞台的粗制滥造——两个木床拼在一起，上面盖一块五颜六色的布，很廉价——以及俗气的服饰妆容和喧闹的贫民窟观众。他可怜那些舞者和替身演员，觉得他们太拼了。不过能见到山·高希，能看到高希如何模仿宝莱坞最火的明星，不管是走路、说话还是跳舞，都能做得那么好，还是让他很高兴。在回拜库拉的路上，他陷入了沉思。"也许他们是对的——我的脸还没有准备好"，他说。自打在坎迪瓦利落脚之后，他去参加了很多电影试镜，但是所有的制片人和选角经纪人都跟他说了同样的话。"你还没准备好（*Uss layak main abhi tak nahin hoon*）。"他的脸上缺少点什么。再等几年吧，有人建议说。"也许最好再等两三年，健健身，上个表演课，让我的脸有个主角的样子。"他望着出租车窗外说，"有人认为我就是放弃了。有个朋友告诉我说，我的这点困难和别人比起来根本不算什么。他刚来的时候在火车站台上睡了两个礼拜。他说只有经历过这种折磨，才可能成功。但我不信这一套。就像我一直说的，人们在踏入一个行业前必须做好十足的准备。"他说他又有了一个新的计划。他要去波斯湾，进入他们蒸蒸日上的劳动力市场。他甚至找到中央火车站附近的一个签证中介提交了护照和申请表。他不关心会被送到哪里去，也不关心让他去做什么。不管是到沙特阿拉伯当个餐饮主管，还是在迪拜商场里当值班经理，干什么都行。他预计，两年内他就能攒到足够的钱让家人重回中产，享受安德里的咖啡馆、健身房和表演班。他说，只要你有钱，什么也不能阻止你进入这个圈子。"等我回来，我会向所有人展现我的才华。"

7
骗子

2017年年中,我回到德里为一家全国性报纸工作。几个月后,我开始浏览求职网站。我想起过去三年里我遇到的年轻人们——不是我跟采的那些,而是因为生活没什么进展让我没能跟采的那些。他们一直在讲的只有一件事——他们无尽的生存需求,换句话说,就是要找工作,山·高希看不上的那种真正的工作。

每隔几天,就会有文章报道求职者和工作岗位之间的巨大差距。2016年,有19 000人应征某城市的114个职位;其中有几千名大学毕业生应征清洁工,有些甚至有工程师和MBA学位。同一年,一家国有银行的1 500个职位有170万人应聘;920万人参加了铁路系统的笔试,争夺不到10万个工作岗位;还有700万人祈求获得8 300个初级公务员岗位中的一个。[1]对于一个没有强有力工会组织的国家来说,私企的工作往往待遇很差且工时很长;于是在国企工作就成了底层求职者最向往的。从司机到老师,不管做什么工作,政府职员总是比私企员工挣得多,福利也更好。只有少部分"有资质"或者"技术娴熟"的人会选择在私企工作。[2]对于剩下的大多数人而言,很不幸,即便是纳伦德拉·莫迪领导的政府,每个月也只能提供不到1万个工作岗位。[3]这些人的出路在哪里呢?很多人都选择了暴动。回去做全职记者不过几个月,我已经报道了两起导致整个城市被封锁的青年暴动事件。这些属于农业种姓的年轻人要求增加教育和就业的配额,因为他们不想继续当农民了,他们也想在办公室里当白领。除此之外,我也想不到他们还有什么别的办法。后来有一天在浏览求职网站的时候,我看

---

[1] https://timesofindia.indiatimes.com/city/bareilly/19000-graduates-postgraduates-MBAs-BTechs-apply-for-114-sweepers-jobs-in-UP-town/articleshow/50675268.cms
http://www.bankexamsindia.com/2013/03/sbi-po-recruitment-number-of.html
https://qz.com/823234/desperate-for-jobs-indias-graduates-are-working-as-drivers-maids-and-mechanics/

[2] http://www.thehindu.com/data/Entry-level-jobs-pay-more-in-Central-government/article14469396.ece

[3] http://www.financialexpress.com/economy/3-years-of-modi-government-pm-has-failed-to-create-jobs-for-the-desperate-young-people-who-gave-him-massive-mandate/686486/

到这样一条广告，一串关键词似乎正是为了这个群体准备的：

· 跨国公司工作

· 国际业务外包

· 零工作经验

· 完成10年级、12年级学业；课程未通过者也可申请

· 英语成绩40分以上

· 一日培训

· 工资25 000到30 000卢比

· 提成不封顶

· 快速的职业发展——开始新生活

· 愿意在任何情况下追求成功

这个工作实在好得离谱。如果薪资优渥的公司会招聘那些有追求、没资历的求职者，那印度年轻人的未来也就没那么糟糕了。和WittyFeed这样拥有相似招聘哲学的公司不同，他们要招的这些"英语40分"的职场新手，要做的不是创作爆款内容，而是不停地接电话和打电话。

到了2017年，接线中心的工作（在一家业务外包公司）远

没有其在 2004 年时的那种吸引力了——因为糟糕的监管与菲律宾和美国监狱这样的竞争市场，外包产业在过去几年已经贬值了很多。[1] 不过，这也还是份工作。每个这样的广告最下面，都写着一个"HR"的名字和电话。这个人其实并不是专业的人力资源管理者，而是求职者和职业介绍中介的中间人。

某天我和我的同事给他们打了个电话。"HR"阿米特草草接了电话。他完全不关心我们是谁，连名字也没有问。他说这通电话后他会马上发来一条短信，让我们按照短信的指示做。我们收到的自动生成的短信比阿米特还要冷漠，让我们到德里西部一个招聘中心去面试，到了之后要出示短信最后给出的验证码。第二天一早，我们就去了拉金德拉大厦。这个商务中心坐落在德里不太发达的一个区域，在这里，各种提供客户服务的商业大厦像迷宫一样排列着，我们要找的那个也在其列。他们每一个都能提供比别人更好的接线工作：离我们住的地方更近，薪水更高，英文要求更低。在一个房顶快要塌掉的大厦里，唯二两间使用中的办公室里就有一个是招聘中心。在这里，不管我们住在哪儿，一个年轻的中间人都能在我们住所周围的 50 米内给我们提供一份接线中

---

[1] https://economictimes.indiatimes.com/tech/ites/indias-technology-vendors-paddling-shaky-boats/articleshow/56543653.cms

心的工作。我们告诉他还约了另一个中心的面试，就在马路对面。他说他已经给我们提供了一份工作，就用不着再转悠了。

但我们还是去了。原本定好的面试地点和刚才那个差不多——走过狭长、昏暗、发臭的楼梯间，就到了这个招聘中心，一个满脸青春痘的男孩正坐在前台玩游戏。他把游戏暂停，看了一眼我们的短信，把我们送到两间屋子中的一间去面试。那天我扮作北方邦的一名高中生，我同事扮作和我资历差不多的表妹。我们面前的面试官——一个看起来死气沉沉的女人，穿着带亮片的绿色库尔塔衫，挑染的头发，涂着深棕色的唇膏，美甲长且色彩鲜艳——对于我们是谁也毫不关心。自我介绍，她对我们说，然后我们就尽力用"40分的英语"答话。她问我们，成功对我们来说有多重要。我们说我们的人生就全靠这个了。她说我们并不是理想的候选人——她对我们的英语能力和自信心都表达了不满——但她还是决定给我们这份工作。在我们假造的简历背面，她写下一堆对于招聘广告的补充："国际视野，夜班，2万卢比工资，每三个月涨薪30%，六个月后升职。"她甚至给了我们一张小纸条作为聘用书："我们很高兴地通知您，您已经被我机构的外包部门录用为C.C.E.（客服专员）。"大多数求职者到这时就会起身离去，但我们追问面试官聘用我们的公司名字和具体信息。这问题让她有点恼火，犹豫了一阵她给了个名字，别的什么都没说。我们问她，什么时候可以入职？她说，下周。但在那之前我们要到德里的另一个地方去参加一天的培训，具体安排还是短信通知。离开之前，我们要为顺利得到这份工作每人付给她500卢比的辛苦费。

短信如约而至，并把我们指去了德里东南一个更偏僻的地方进行"培训"。乌塔姆纳加尔是个培训中心聚集地——医疗、公务员、工程师学校、MBA——这里和兰契的老普路差不多，不过规模是它的两倍，拥挤程度大概是四倍。这里也聚集着很多别的东西：汽车修理店、ATM机、卖芒果的推车等等。我们要去的社区学校，深藏在市郊这一片狼藉里。我们旁边一群背着背包的年轻人也在找这个地方。大家到处问路，对每周一问习以为常的当地人抬起手指向一条小路，头都懒得抬。

每周日都有大约700名求职者来接受这个接线中心的培训。像这样的培训中心市里还有很多，分布在各处。在被赶进分布在学校三层楼的六七间教室之前，我们被要求排成一路纵队，从楼梯口一直排到顶层。想进教室，每人要先付1000卢比，换他们在职介中心给我们的小纸条上盖一个"已付款"的章。坐下之后，我们就开始接受培训，课程内容和穆因·汗的如出一辙。我们的老师是个小伙子，穿着紧身T恤、松垮的牛仔裤，梳着飞机头。

他先是要求我们自我介绍，然后指出我们说话和自信心方面的各种问题。他给了我们一个完美的自我介绍的模板——"你的名字，来自哪里，住在哪里，学历，经历和兴趣"，以及最理想的结束语，"谢谢大家，这就是关于我的一切。"他提醒我们，英语口语是接线中心工作的核心。他说英语里就没有他不会念的词，"动物园、阿尔法、南希、荣幸、宝藏、视野。"这还没完，"我爸爸去了动物园，我们看到了绿色的恐龙。我最喜欢的电影是《波斯王子》。拿到金银很开心。"显摆够了英语，他又带我们回顾他是如何从比哈尔邦的小村子一步步走到古鲁葛拉姆的接线中心的。"只要你有计划，出身如何都不重要"，他说。底下有学生问他，他的计划是什么。"我的计划就是挣钱。事业随钱而来。"听到这儿，我在想，接线公司和赚钱不搭边吧。我猜这么想的不止我一个。

后来，我还会想起他走进教室说的第一件事。"有谁知道'操控'是什么意思？你有没有开车带人兜过风？"他讲完课之后，教室里的大部分人都很困惑，虽然交了一大笔培训费，但他们对于工作本身还是一头雾水。他们想要的，只是开始着手小纸条上承诺给他们的工作。但是这一天还远远没有结束。离开教室之后，又来了一群协调员，把我们带到另外一层。我们又被分成了不同的小组，送进不同的房间，开始新一轮面试。这次面试我们的是真正有兴趣招聘我们的公司代表。我和我的同事问了一名协调员，职介中心跟我们说的那个公司有没有派人来？他看了看那家公司的名字，然后把我们送到一个房间。一个女人正坐在桌前看简历，另外八名求职者在她面前站成一列。轮到我的时候，我告诉她说我已经被她的公司录取了。她说她还是想再确认一些事情。"把这个手机卖给我"，她指了指我手里的手机。我用"40分的英文"尽力讲解了电池寿命和自拍镜头。问了我同事同样的问题之后，她让我们等公司电话通知。

很多求职者都带着一张任命书离开了学校，上面写着让他们下周去报到。但这些任命书上都没写公司的名称或者地址，大家都被告知等短信通知具体信息。普拉迪普·萨鲁亚离开的时候以为自己马上就要开始在亚马逊当客服了。他不断提醒自己，网上的招聘启事就是这么说的。于是他返回卢迪亚纳的家，收拾好行李，一周后又回到德里准备开始工作。一个月后我给他打电话，问他到底去了哪儿。他说他在古鲁葛拉姆一间名字奇怪的小办公室里，他们给他一个稿子让他背下来，然后他就要和房间里另外50名与他同龄的"专员"们一起开始打电话。工作本身很容易，他说，只需要按照名单给美国人打电话，说他的名字叫查尔斯，告诉对方他们因为偷税受到联邦调查。

十个人里有一个会被吓到,他说。一旦从他们的声音里听到恐慌,萨鲁亚就会告诉他们,他要把电话转给另一个部门,他的上司会帮他们通过线上转账把税补上。但他不喜欢公司的工作文化:工作时间很长,"目标"根本不可能完成。干了三个星期后,他就辞职回家了。"所以你是在电话诈骗中心工作吗?"我问他。"也可以这么说。"他非常平静地说。挂电话之前,他告诉我说,对于一个迫切需要工作的人来说,这活儿也不差。他问我找到工作没有,我说还没有。他说我应该考虑他的公司。挂掉电话5分钟之后,我收到他的一条短信,上面是公司HR的电话。

我遇到萨鲁亚的六个月前,警察突袭了孟买东北城郊一个七层的接线中心,逮捕了700个年轻人。他们都装成美国国家税务局(简称IRS)的工作人员,骗了美国人上亿美元。Phoenix 007接线中心的两名雇员在突袭的两个月前给华盛顿的联邦贸易委员会打电话揭发了他们。[1] 其中的一个告密者——19岁的帕万·普贾里在电话里告诉我,他并不是一直都痛恨这份工作。和萨鲁亚不同,他加入这个公司之前其实就知道他是去骗人的。他父母在郊区一个工薪阶层聚集区开了间焊接的铺子,普贾里大学辍学,就想找

---

[1] https://www.nytimes.com/2017/01/03/world/asia/india-call-centers-fraud-americans.html

个办法"挣大钱"。有一天，一个"HR"在求职网站上看到他的简历，觉得他非常适合这个工作，就给他打了电话。他直接被叫到米拉路上的公司办公室——就是阿扎尔·汗刚来时住的那个摇摇欲坠的移民贫民窟——面试。"我被要求自我介绍。我说了我的名字、爸爸妈妈的名字、姐姐的名字。我告诉他我们家属于卡纳塔克邦的一个村子。我告诉他我通过了12级的考试。我的爱好是玩室内和室外的游戏。"公司认为普贾里的英语和自信心都足以让他成为"收场人"，也就是萨鲁亚这样的"开场人"在介绍情况之后把电话转去的那方。月薪是15 000卢比，不算提成。"我一通电话挣多少美元，我挣的卢比就是这个数的两倍。"换句话说，他只赚到骗来的这笔钱的三十分之一。他们让他转天就来培训。"那一层楼空间很大——至少坐着一百个人，每个都在打电话。HR部门有五六个女孩子，我们十个人被带到一间屋子里培训。"培训一开始，讲师就问新员工们有没有听说过IRS。他把这个词拼了出来，但是大家都摇头说没听过。"然后他给我们解释说，我们都要以IRS的身份给美国人打电话。他一说我就知道不对劲了。我问他，'这是骗钱吗？'他说是，然后说，如果谁不想干现在就可以走。只有两个人走了。"他给了剩下的八个人一份长达六页的文稿，是这样写的：

"我叫保罗·爱德华，我是美国财政部法律事务处的工作人员。

我的员工 ID 是 IRD7613。我们来电通知您，在国家税务局提交的一起法律起诉中您被列为头号嫌犯。现在我需要您拿来纸笔，记一下您的案件 ID：IRC7647。这是您的案件编号，我手上还有国家税务局发来的证词。可以的话我给您读一下这份证词，您就知道这个案子是怎么回事了。"普贾里用保罗·爱德华的口音把这段念给我听，在做了一周骗子之后，他就把这个口音练熟了。"你和外国人说一天话，就会开始说得像他们了。"

普贾里坚持让我装作一个不了解情况的美国人，这样他就能记起他的台词了——其实也不用我说什么。"在我读证词的时候请不要中途打断我，因为这段话是被联邦政府监听和录音的，如果你有任何疑问，在我读完证词之后再提问，然后我会回答你的所有问题……"不管我问什么问题，普贾里文稿的"反驳"页都有准备好的回答，还有那句能应对一切问题的话："警局和我们 IRS 调查官将在 30 分钟内来到你门口。"说这话的时候，普贾里就会拿着开场人转给他的信息，用姓名和邮编在白页上查受骗人的地址。"很多人在电话里就会哭起来"，普贾里这时没了美国口音。到了这一步，普贾里就会让他们到最近的商场去买一张价值几百美元的苹果充值卡，然后他把电话转给他领导，那个人会记下卡片背面的号码。

普贾里之前很喜欢做这个。"我可享受了（Bahut maza aa raha tha）。"他说。我相信他真是这么想的。他给我讲那些瞎编的联邦部门（"EFTPS——哪有这种东西啊！"）和他在台词里加的那些步骤时忍不住笑出声。他很擅长这份工作。做了两个月他就给公司挣了 24 000 美元的苹果 iTunes 储值卡。他在 2016 年 7 月 14 日得知了自己的成绩，那天是他生日。"我特别开心"，普贾里对于自己骗美国人的能力非常得意，因为据他的朋友和同事说，美国人自视比世界其他地方的人都更高一等。和公司里很多年轻的员工一样，他也向这个骗局的策划者看齐。那个 23 岁的年轻人开着豪车——奥迪、宝马、奔驰，住独栋别墅，坐商务舱，还和漂亮女孩约会。生日那天，普贾里收到了 5 万卢比的提成。"我立刻就花光了。"

然而等到那周结束的时候，他就决定他不能再做这个了。"我给一位美国女士打了电话，她叫瑞吉拉，住在加利福尼亚或得克萨斯。我跟她说了我的台词，她就开始哭了。她说她没钱，要到发救济食品的地方去给儿子找点吃的。我觉得很痛苦，我在想，'如果有人这么对我妈妈我会怎么想？'"普贾里让她等一下，然后告诉他的领导他没法继续打这通电话。"但他完全不在乎。他把电话接过来继续说。"两天后，普贾里和他带去公司的铁哥们开始找联邦调查局的电话。他们在突袭前两个月辞了工作，辞职不到两周普贾里就收到了三份工作邀请。"孟买有很多专骗外国人的诈骗接线中心。包里瓦利有技术支持客服诈骗，坎迪瓦利有伟哥诈骗，乔格什瓦利有贷款诈骗。有两个公司还在做 IRS 诈骗。"

如果帕文·普贾里什么时候再想为美国人提供这种"服务"，他总能找到工作。虽然他的离职不太体面，但是 Phoenix 007 仍然是他最刺激的一份工作。成千上万人和他一样在大城市（孟买、德里、加尔各答、艾哈迈达巴德）的诈骗电话中心装成税务员、借贷机构人员、苹果客服人员或者劣质伟哥制造商。对他们来说，这份工作的刺激程度和拉瓦尼亚·斯里瓦斯塔瓦在 WittyFeed 刚刚破解美国人的情感密码时的感受是一样的。这两个例子，都是年轻的印度人第一次和外国人打交道——诈骗接线中心更愿意雇用刚搬到大城市的小菜鸟——他们能否在工作上取得成功，都取决于他们能否很好地了解世界另一边人们的弱点。自从我第一次看到针对迫切想找工作的年轻人的招聘广告开始，我见了几十个现在或曾经在接线中心工作的骗子，他们都向我展示了对于美国生活的深入观察。

美国有很多独居的老人。如果出了任何事，他们都找不到人帮忙。

在美国，人们不喜欢自己修东西。如果出了任何问题，他们就会打客服电话。依赖别人是他们最大的问题。

在美国，人们对自己的隐私、个人安全和个性非常在意。骗美国人很容易，他们非常容易上当。

这种社会学的智慧驱动了像诺伊达和古鲁葛拉姆这种地方的巨大的就业市场，这些卫星城市的商业布局中很大一部分都留给了诈骗接线中心。"这些地方好就好在你很容易就能找到工作"，前诈骗者维卡斯·坦沃尔说。除了这里，还有什么地方能让他这样的人——拿着拉贾斯坦邦某小镇大学文凭的普通求职者——接到一通招聘电话，说他的资历完全符合他们的要求？很多时候，这种公司的年轻雇员甚至不用离开这幢大楼就能找到一份新工作——或者另一种新工作。我在古鲁葛拉姆长至10公里的商业街上的大厦里跑上跑下，想要区分开真的接线中心和诈骗接线中心，区分真的接线员和诈骗犯，结果简直让人大跌眼镜。一些印度年轻人会在诈骗工作的迷宫里逡巡好几年，从旅行诈骗转到借贷诈骗，再到杀毒软件诈骗。他们告诉自己说，再领一个月的薪水就离开这一行。阿布希·辛格就是这样，拿着坎普尔的工程师文凭来到德里，结果却花了两年时间磨炼诈骗技术。"从古鲁葛拉姆到诺伊达再到德里，我去到哪儿都能找到这样的公司。"他的第一份诈骗工作是在古鲁葛拉姆的一幢商业大厦里，那个接线中心占地2万平方米，有500个人和他一起做技术支持类的客服诈骗。事情的发展就像恐怖片一样。用户的浏览器会弹出一个弹窗，告诉他们电脑感染了病毒，唯一的解决办法就是给屏幕中央闪烁的号码打电话。这个弹窗经常会占据整个屏幕，把电脑锁住，有时候还伴随着尖利的警铃声。一旦这个电脑用户——不管是从美国、英国、澳大利亚还是加拿大——打了电话，辛格或者坦沃尔这样的人就会接起来，虽然时期不同，他们都在同一个公司工作过。在电话里，他们就按照上班第一周学的那个剧本来表演。他们告诉那些十分惊慌的来电者，他们需要远程访问他们的电脑，连上之后，他们就带着用户检查电脑内部的系统，把普通的文件都说成是致命病毒。[1]"我们也在电脑上运行一种软件，凭空编出木马病毒、恶意软件等。然后我们告诉他们，如果你不买我们的杀毒产品——一年299美元，两年399美元——你的电脑就完蛋了。"坦沃尔说，他的目标是从每通电话里赚500美元。他的提成是：每1000美元赚1000卢

---

[1] http://www.hindustantimes.com/india-news/scare-and-sell-how-indian-call-centre-scammers-cheat-foreign-computer-owners/story-cTE5eHZIo3AkjvTJDhokAK.html

比，或者赚取金额的 1.5%。"你戴上耳机的那一刻，你的上级就会告诉你，'你是个骗子。不管用什么方法，你得让客户上当（*Aapko customer ko fasana hai, kuch bhi kar ke*）。'"他说。

坦沃尔并不太介意做这种事，相比之下，公司不给提成让他更为恼火。对阿布希·辛格而言也是这样，他很久之后才感到愧疚。"他们的电脑没有任何问题，整个事情就是个骗局。你拿到远程访问权限，然后就瞎编理由，收他们四五百美元。你把他们骗得越狠越好（*Jitni unki maar lo, utna badhiya hai*）。大多数收到弹窗的人都是干了点坏事的——要么看了黄片，要么违法下载了东西。但是我们也做了坏事，因为我们卖给他们的软件都是微软或者其他公司的软件，从网上可以免费下载。"

根据微软 2016 年的一项调查，全球有三分之二的用户在一年内经历过技术支持类的客服诈骗。每年美国人为此会损失约 15 亿美元，大部分诈骗（86%）都来自印度。辛格告诉自己，拿到第二个月的薪水他就从这家公司辞职。他确实这么做了，但他之后才发现，能找到的其他工作也是诈骗。"这个公司假装自己是 Facebook，"他在给我的邮件里写道，"有人打电话来说他的 Facebook 有问题，比如'忘记密码'。电话里的客服就会说自己是 Facebook 专家，可以帮这位用户恢复密码，但需要远程访问他的电脑才行。一旦连进了对方的电脑,他就会下个诊断,哈哈。"

在这家公司,辛格经受训练提升了自己的唬人功力:"如果客户不付钱,我连 FBI 都会搬出来。作为最后通牒,我们告诉客户,监视着所有网上活动的国土安全部会接到通知,然后他们的网络就会被切断,他们在美国境内将再也无法联网且会被列入黑名单。客户最终会付 200 到 2000 美元不等,有时候会通过苹果的储值卡交钱。"

以 Phoenix 007 为例,让新员工忘掉自己的人生目标,转而屈服于骗人的刺激,只是个时间问题。很多诈骗公司的工作氛围都是按好莱坞惊天劫匪片设置的。"在这家公司里,每个人都觉得自己是《华尔街之狼》里面的人物。"辛格说。这部讲述一群在股市里诈骗的阿尔法男的电影,差不多刚好是在他进入 IT 骗局这行的时候上映的。"大家来上班时都是大麻嗑嗨了,同层的所有人都嫌其他人不像个专业骗子,从而互相谩骂。"和帕万文·普贾里一样,大多数底层骗子从来都没见过骗局的策划者,但是 Facebook 上的那些炫耀的照片——豪车、聚会、度假、漂亮女孩——成了底层骗子们共同的目标。

他们关于对错的界限不知不觉变得模糊了。"这是不是诈骗,要看你从哪个角度看",一个在电脑病毒诈骗上耗费了整整五年青春的年轻人这样形容他的工作。另一个名叫阿米特·辛格尔的前诈骗犯可以就什么是灰色地带讲上好几个小时，他曾经跟我说，"如果你带着一个三星手机走进一家商店，店员吓唬你说，这个手机随时可能爆炸，不如给我1000块，不管他什么时候爆炸了我都免费给你换个新的。手机会爆炸是个谎言，他这么吓你是为了让你付钱。就这么简单。我们技术支持类的客服诈骗也是一个道理。他们没有偷你的钱。人们自愿付钱，因为他们被吓到了。也没人把枪顶你头上找你要钱。"

和这些相比，最管用的还是骗子们在金钱和道德之间挣扎时给自己的辩护：作为一个没有任何未来的年轻人，他们才是最大的受害者——这个世界就是一个巨大的骗局。

美国人抱怨被骗了，但他们想过电话那头的人吗？没完没了地给他们打电话，每个月才赚3万卢比。

只要最后赚到工资了，就没什么问题。

有人给你付钱——这才是最重要的。

对一些人来说，道德上的挣扎在他们决定不要庸碌一生的时候就解决了。"在德里，你想要成为一个重要人物，免不了要做些手脚的"，苏尼尔·库马尔，一个诈骗接线中心的员工，笑着跟我说。我之前在乌塔姆纳加尔的培训中心假装求职的时候见过他，当时他正好是一个负责把求职者与公司匹配起来的"HR"。他又瘦又高，一头长发，那时 26 岁，八年前从阿拉哈巴德的一个村子搬来德里。作为辍学生，他最开始在购物中心里当保安，但很快就转向了给他村子里来的年轻人介绍初级工作。从那时开始，他就成了非法工作中介的行家。

库马尔如今自认是个重要人物了。他每月挣 15 万卢比，手下还雇了 8 个人。他的手下们每天的大部分时间都在大型求职网站上扒简历，寻找能够下手的焦虑的求职者。他按照他们能给中介公司输送多少求职者算工资，他的目标是一个月介绍 50 个人过去。"我从公司收提成：介绍一个'孩子'2000 卢比，"他说。一般情况下，他每个月都能超额完成目标。这个城市广阔的诈骗接线中心的网络——技术支持、保险、银行和旅行——都靠这个灰色的招聘体系拉人。我问他，是否觉得应该为那些"孩子"被逼着做的事情负点责任。干他这行的利润太大了，人们才无暇顾及这些孩子会怎么样。如果每天有 100 名求职者来找中介，每个人付 500 卢比，那就是 5 万。如果每天有 500 名求职者来培训中心，每人付 1000 卢比，那就是 50 万。"你看，每个接线中心都是这样或那样的骗局，没办法的"，他避开我的眼睛。不过，即便只是为了保全自己的颜面，他还是尽量把给诈骗团伙招人可能引发的各种问题都考虑到。"如果（求职者）给你打电话，抱怨说他们被逼参加诈骗活动，那你就说'真的吗？'你尽力表现出为他们着想，跟他们说'不如你坚持到这个月末，拿了工资再找其他的工作？'"

他说这是一石二鸟——不但甩掉了自己的责任，还能留下一群"被俘获的孩子"可供兜售。"没有人会在一个诈骗接线中心干到一个月以上"，他说。他们要么因为完不成任务被辞退，要么在一个月里能学到足够多的东西去自己设骗局。"他们被洗脑了（*Unko fatoon chadh jaata hai*）。他们会想，'这样骗来的钱可以直接归我，而不是归公司。'"因为诈骗接线中心总是缺人，所以库马尔的生意蒸蒸日上。2017年6月我们再联系的时候，库马尔说他有2500到3000个职位在招人。

当时我们坐在诺伊达的一家咖啡馆里，他跟我说别再找工作了，要做大事。"有什么意思呢，你要么找不到工作，要么不喜欢你的工作（*Naukri ya toh milti nahin hai, milti hai toh achchi nahin lagti*）。我爸爸一辈子都做一份工，最近我回家问他，'值得吗？'我告诉他我不给任何人打工。我能获得至少500个人的尊重，我是有威望的。"库马尔说他不用再工作，钱也会源源不断地往他这来。他的空闲时间都被用来做两件他喜欢的事：跳舞和打板球。

我想起励志演说家桑托什·德夫·塔库尔传到 Facebook 上的一个 YouTube 视频，里面讲了"富裕和富有"（rich and wealthy）的区别。塔库尔坐在酒店里，戴着个墨镜，说了句从人类存在之日就有的名言："有钱是富裕；有钱又有时间是富有。"我想，也许库马尔的故事是个很好的励志演说素材。除了高尚之外，它符合所有的条件；不过大多数印度年轻人最关心的就是，作为一个赤手空拳仅凭一腔热血来到德里的人，高尚能带他们走多远。我渐渐发现，印度的励志市场跨越了道德的界限。在诺伊达见苏尼尔·库马尔的一周前，我去探访了一个专门介绍假工作的就业中心，它的墙上贴满了各位名人讲过的励志名言。

人生中要敢于冒险。赢了，你能领导；输了，你能指导。——辨喜

我所要求的是，用今天做一生中最好的作品。——史蒂夫·乔布斯

不要把自己和世界上的任何人相比。如果你这样做，就是看不起自己。——比尔·盖茨

"你想要做大事吗（*Kuch bada karna hai*）？"苏尼尔·库马尔突然问我。我知道他想说什么。他双臂交叉支在桌上，提出让我跟着他干。我不用自己找接线中心的工作了，可以帮他找求职者，然后把他们卖到接线中心去。他说让我成为他的就业中介的合伙人，说在我身上看到了巨大的野心；和他一样，我注定要过不平凡的人生。这话还真让我有点受宠若惊。

***

我和我同事一直都没接到我们在乌塔姆纳加尔培训中心面试的那家公司的回信。有一天我们在网上查了这家公司的名字。他们还真有个网站，主页最上面有幻灯片，展示的是曼哈顿的天际线，以及面带微笑、自信满满的美国人开会和洽谈的场景。在描述中，接线中心的表达委婉模糊："有创造……环境的热情……重新定义完美……启迪……时刻已经到来……提供精细的产品服务……行业大师的经久之作。"你完全看不出来所谓的"精细产品"和"经久之作"究竟是什么，也看不出这个服务是为谁提供的。网页还列出了公司客户的名单，虽然在谷歌索引上这些客户一个都查不到。但是这些微不足道的细节，和公司的终极目标——"如果完美是你的追求，那经验就是我们的承诺"比起来算什么呢？

我们打算直接找上门，索要我们已经付了1500卢比的工作。公司藏在德里西北部一个石材市场里，他们所在的四层小楼外面连牌子都没有。但其实这地方并不难找，你在基尔蒂纳加尔地铁站找任何一个人力车夫，告诉他们"玻璃墙（sheeshe-walla）接线中心"，他们一句也不多问就会沿着尘土飞扬的路猛冲过去。在这个卖沙发组合、浴室配件、脏兮兮的灰色大理石板等各种廉价家居用品的迷宫里，还有哪儿能让一群年轻男女不分昼夜地蜂拥而至呢？公司前台面积很小，放着储物柜、一个软塌塌的黑色沙发，墙上还贴着禁毒的海报。我们告诉一个保安头子，我们要见HR部门的人。他给了我们申请表，让我们等面试电话。我们告诉他我们已经做过这些了，但他并不听，于是我们又默默写下了如今已是轻车熟路的假造信息——学历（"坎普尔公立高中"），目标（"抓住每一个机会，成就非凡"），介绍人（"拉金德拉广场全球专业BPO"）——然后等着被叫到接线中心里面去，磨砂玻璃的门前还有持枪保镖把守。

我先被叫了进去。走过一排排格子间，我看到年轻的员工们都盯着电脑屏幕，冲着麦克风说话。我被要求走到办公室后面的一个走廊那儿，一个女子坐在桌前看我的简历，还不断用笔圈圈点点。我告诉她我手里有一封求职中介给的聘书，证明我已经被录用了，她告诉我那个不算数的。"你能把这个手机卖给我吗"，说着，她把桌上的手机扔给了我。我把之前的表演一字不差地又来了一遍，然后她让我跟着接待员到另一边的房间等下一场面试。这次，坐在桌子对面的是两个西装革履的男人，又让我表演了一次卖电话。我的同事也经历了同样的过程，然后我们被要求离开这里，等公司的通知。

那时候我已经为这个工作面试四次了，我很想知道如果通过了，我会卖什么东西。有一天我在网上看到一个人的简历，上面提到她是这家公司的前雇员。我给她——一个短发、笑容洋溢的年轻女孩——发了一条Facebook私信。她回复说很高兴有人看到这个，"我想告诉别人这家公司到底是做什么的"。

索娜·卡普尔，23岁，2016年从北方邦西部来到德里，加入了第一个给她工作的公司。她老家的一个朋友在那儿工作，就把她引荐给了公司的HR。刚开始，工作看起来和普通的接线中心没什么差别，直到培训结束，她在工作的第一天接到一份文稿。从那之后的两个月里，卡普尔每天按照名单给大概50个人打电话，他们都是印度人以及移民到海湾国家的印度移民。开场白永远是同一句话："你想找工作或者换工作吗？"如果他们说想，她就会问他们能不能上网。然后她把他们带到她公司的求职网站上，让他们线上付款4000卢比注册账户。做完这一步，卡普尔就将电话交给"收场人"，由他们将客户带回网站，并向他们提供一套事业腾飞套餐——专业设计简历、塑造社交媒体形象、在线面试指导、高级国际专家速成等等——帮助他们跨过个人与理想工作之间的鸿沟。"从来没有人找到过工作。任何事情都和表面看起来的不一样，一切都是个骗局"，卡普尔说，她在一周之内就搞清了这份工作的真相。"如果客户打回电话来，说要到警局告我们，那公司就会把钱退回去，不过这样的电话我们一天大概只会接到四个。"剩下的人选择向消费者投诉网站倾诉他们的遭遇。我问她为什么明知是骗局还在那儿干，"你会想，开这些接线中心的人每天赚这么多钱，来都来了，那不如我也跟着赚一点吧。"卡普尔说。

当我发现德里那一整片地区都在做求职骗局的时候，我并不太惊讶。在每个印度大城市里，各个行业——银行、IT、保险——处于工作年龄的人都会接到陌生人的电话，问他们是否要找工作或者换工作。根据他们的谨慎程度和银行存款，这些受骗者会被骗10万到50万卢比不等。德里警方过去三年调查的案件显示，骗子们的"手法"包括投机公司、秘密接线中心和虚假求职网站。[1] 从警察备案来看，骗子们大都是同一种人——来自邻邦，在首都通过一个个骗局积累经验，然后凭借足够的野心开展自己的骗局。

据卡普尔估计，她的公司每个月能赚几百上千万卢比。显然，想骗印度人这么多钱只有一个方法，就是承诺给他们工作，这是他们最想要达成的梦想。我现在知道大多数联系了那些承诺多岗位、提成不封顶的可疑招聘广告的人最终都找到了工作，即便那工作是骗其他求职者。卡普尔的大多数同事——分布在四层的接线中心里的大概400人——都是用我的法子才进公司的。索娜·卡普尔在入职一个月后拿到工资的那一刻就辞职了，她拿到了18 000卢比。而她的朋友还在给毫无戒备的印度年轻人们打电话，向他们抛去成功的唯一机会。

---

[1] http://www.hindustantimes.com/interactives/inside-fake-job-industry/

后 记

我曾经也会看不上索娜·卡普尔这样的人。但当我了解了电话诈骗的世界之后，我的想法开始向那些我打了三年交道的人靠拢了。如果要把他们的人生哲学概括一下，那就是：能赚钱怎么都行。不管你愿不愿意承认，印度年轻人的现实就是这样——不满现状、寡廉鲜耻、难以阻挡。我所见到的年轻人很少有清晰的是非观；大多数人根本不在乎这些。

我本可以把他们这一代人的特点简单归结为缺乏道德观念，但这并非真相。他们知道自己在做什么，但更重要的是，他们知道这样做没事。潘卡·普拉萨德并不是村里第一个拿免费服务赚钱的疏通者；维卡斯·塔库尔不是第一个把贪腐和权力等同起来的政客；阿扎尔·汗也不是第一个为了明星梦付门槛费的人。为什么三个不同的人，想要在政府、政治、娱乐圈这些不同的领域成功，却对于公平与否有着相似的理解呢？因为他们认为，能够为了输赢在对错之间切换，是成功必备的能力之一。

然而，将个人利益置于社会之上，并不是他们独有的想法，而是印度价值体系的核心。没错，确实有些印度人为了达成梦想耍手段，但他们发现自己和新闻里的那些人（政客、商人、明星）比起来并没有什么区别。他们曾经掏心掏肺爱着的国家把他们抛弃了，不是一次，而是两次。国家不但让他们自生自灭，而且连基本的道德责任教育也没传授给他们。并不是所有二十多岁的年轻人做事都没原则，但是在现代印度社会，有些原则比其他的更被重视。维内·辛格尔和里沙·辛格都被自己相信的观点塑造着，他们只不过是对于印度应该怎样有不同的想法。辛格尔希望印度在经济、科技和军事上成为一个世界强国，希望国家制度有效，希望人们能负起责任；而辛格希望印度能够先证明自己是个民主国家，希望无论是印度教徒、穆斯林、达利特人、女性，所有人都能拥有平等的自由和机会。在可见的将来，他们设想的这两个愿景印度都达不到，但前者是政治民粹主义的发动机，正如纳伦德拉·莫迪从2014年开始展现的那样，而后者则是一辆出轨的列车。我早就意识到了这一点，但每次被提醒还是很心碎。为争夺北方邦议会席位进行了两个月竞选活动之后，里沙·辛格还是输给了所谓的"莫迪潮"。印度人民党赢下了北方邦议会403个席位中的312个，社会党全军覆没。[1]

但这还不是真正的悲剧。那些志向远大的印度教徒对印度人民党无条件的支持让他们欢欣鼓舞，而他们选出来的这位邦首席部长，在位的唯一贡献就是对异族散播仇恨情绪——这个人就是约吉·阿迪亚纳斯。作为阿拉哈巴德大学选出的第一位女学生会主席，辛格当时禁止他进入校园。她当时拒绝他的理由如今正是他成为勒克瑙首席部长的原因。如果勒克瑙独立，他所管理的会是世界上第六大国。我听说了这个消息之后，想给辛格打个电话，问她对此有什么看法——这是记者的职责——但是我不忍心打这个电话。

与此同时，辛格成功地将更多女性引领到了大学政治当中去。她赢得竞选后一年，没人冒这个险，但是到了2017年的学生会选举，至少有6名女生参加了不同职位的竞选。一名ABVP女成员参加了主席的竞选，另一名女生在被印度国民学生联盟拒绝后，

---

[1] http://www.thehindubusinessline.com/news/national/live-2017-assembly-election-results/article9579978.ece

退出了国大党的学生分支,独立竞选学生会副主席。[1] 主席最终花落一个来自 SCS 的男生。[2]

印度人民党在邦选举中的胜利不是约吉·阿迪亚纳斯一个人的,还属于所有在自己的家乡找不到归属感的印度教年轻人。他们中的很多人给我发来短信,庆祝这个时刻。有人说,"是时候让他们瞧瞧我们的厉害了";也有人说,"祖国母亲终于被托付给了可信赖之人"。我只好回了不置可否的表情。

我本可以把这当作又一篇讲印度被抛弃的年轻人搞狭隘民粹主义的稿子——一个并非从印度源起,也不可能在印度解决的全球性问题。我可以安慰自己说,我的工作就是报道我的所见,而且我见到了足够多的事情可以证明,这只是个开始。我本已经打算提出说,只要印度人民党能够消解印度几百万无望的年轻人的焦虑,那他们就不用担心竞选的问题。但同时,我也瞥见了这条路的终点。你无法向年轻人提供工作或者帮助他们实现梦想的基础,但你却能让他们参与到年轻人所知的最消磨时间的事业中,即身份

---

[1] https://timesofindia.indiatimes.com/city/allahabad/more-women-candidates-contesting-ausu-elections/articleshow/61030541.cms
[2] https://timesofindia.indiatimes.com/city/allahabhad/samajwadi-chatra-sabha-sweeps-ausu-polls/articleshow/61087664.cms

政治。这不是长久之计，而且肯定会引起反作用。等到26岁的拉吉尼坎特·帕特尔满脸怒气地要求莫迪要么重写印度宪法，要么就承担后果的时候，我不知道莫迪会怎么说。我在马赫萨纳见到了他，这里是莫迪的老家古吉拉特邦的一个以帕特尔人为主的地区，也是给了印度人民党第一个议会席位的地区，并且一直是印度人民党的票仓。如今，距离马赫萨纳帮印度人民党这个忙已过去30年，现在他们希望印度人民党能够还这个人情，在教育和工作上给他们的年轻人更多配额，因为他们不想待在村里或者管理农场了。但印度人民党知道，比起其他所有标准，现有的配额制度将优先考虑历史性的不容问题，搅乱这个制度，是万万不可的。于是年轻的帕特尔人选择了宣战——超过50万人涌入首都的大街小巷，挑衅让警察朝他们开枪。拉吉尼坎特·帕特尔就是其中一个。他告诉我说，他爸爸把村里的地卖了供他上昂贵的中学和大学。他本想在毕业之后立刻找个工作，却被一个又一个政府部门拒绝了。"我申请了一份老师的工作，然后还申请了一份苦工，结果哪个都没拿到。"他说的时候头上青筋暴起。"我们国家的总理怎么能说他要给一个群体相对其他群体的特殊优待呢？印度为什么会这样（*Yeh kaisa Hindustan hai*）？"他恨恨地说。

帕特尔先是辞去了社区RSS主任的职务。"生存比信仰来得重要",他说。什么都没有得到你应得的东西重要,"如果宪法能被撰写,那它就能被更改。"我在古吉拉特邦之外的地方也听很多年轻人表达过同样的情绪。当我看到一群十几岁的女孩子全体着一身黑衣在马哈拉施特拉邦的舞台上挥剑时,我既惊讶又难过。她们想告诉印度人民党,面前只有两条路:要么为达利特人挫伤马拉地人的自尊心而惩罚他们,要么允许马拉地人屠杀报复。在思考这些选择的同时,印度人民党是否也能给马拉地人预留一些大学和工作的名额呢?就是这么一回事。

我不可能了解6亿印度年轻人的各种奇闻怪事,所以我总是回到那些我更能理解的人的生活中去。不管是否按照原计划,他们的生活变化得都很快。诈骗公司的雇员们已经接手了骗局,他们学到了诈骗的技巧,然后就和漫长的工时和迟来的薪水说再见了。通过互相帮助学习各种电话诈骗的流程,他们建立起了专业诈骗的人脉。搞技术支持类的客服诈骗需要什么呢?五人一组,租一间屋子,搞几台电脑、手机,下载几个软件,找一个卖弹窗的,再找个在英国或美国的朋友借一个银行账户,就成了。他们如何运行这个网络呢?就在Facebook上。这是一种最高效的社交方式——整个Facebook上的人都能被用来做交易。你可以协商弹窗的价格:500卢比10个弹窗,或者100卢比50个弹窗。你也可以决定这个弹窗的冲击力有多大：占据屏幕的一角，还是占满整个屏幕；死机，还是黑屏。你还可以决定在哪儿植入这些弹窗，小黄网还是银行网站。从他们在Facebook上分享的照片我看到，一个个小诈骗员如今都成了幕后军师，也过上了有品质的生活——派对、豪车、约会。他们已经出人头地了，谁管大洋彼岸的美国有多少不设防的老年人把他们的养老金都赔进去了呢？

也有人想用正当的工作碰碰运气。维卡斯·坦沃尔上一次和我聊天的时候说，他正准备和在古鲁葛拉姆遇到的一群朋友一起创业——心灵服务的共享，"占星师、牧师、手相师、塔罗牌占卜师"。一个诈骗老手告诉我，在电话诈骗公司工作几年是积累创业基金的好方法。阿米特·辛格尔最近破产了——他甚至要找我借钱还车贷——但仍然对他自己的想法坚信不疑。"这里东西太多"，他点点自己的脑壳，说里面蕴含无限财富。帕万·普贾里在离开Phoenix 007后很快又去了一个真的接线中心。然而他对此十分后悔。一半新同事管他叫骗子，另外一半管他叫叛徒，说他向美国人泄密，丢了印度的脸。"印度人真的都是奇葩。"他最近决定，坐办公室的工作不适合他。"他们管你管得太多了。"他也要自己创业了。

WittyFeed也有了一些转变。我认识辛格尔一年以后，每个月至少有一亿人还会访问他们的网站,但其中将近一半都是印度人了。CCO 帕尔文·辛格尔说,网络内容的本地市场在蓬勃扩张,如果公司不抓住这个机会就太傻了。所以他们现在抛弃了西班牙语,转而用印地语创作内容。他们的内容也慢慢从"标题党"转型为"点击党"。他们别无选择。"标题党行不通了。现在你必须写另一些能够让人好奇的东西",他说这话的时候仍然相当兴奋。他们的网站仍然每天发布 70 篇稿子,但不得不通过一些筛查。"现在即便是 Facebook 也只允许你分享高质量的内容了。你得核查事实,保持透明度,提供高清图片和动态影像视频。"

现在网站上的内容对印度读者来说极具吸引力:板球运动员、宝莱坞明星,还有纳伦德拉·莫迪。[1] 他们报道和评论莫迪的所有发言和行动,文章的角度通常是崇拜赞颂("10 件事证明纳伦德拉·莫迪是绝对的牛人"或者"纳伦德拉·莫迪——自拍之王")和观点建议("莫迪政府在 2019 年大选前应该禁止的 7 件事")。他们还写了一封很吸睛的公开信,提醒纳伦德拉·莫迪他是印度梦唯一的救星:"我们真的非常需要像你这样的人,帮助我们为一个'更好的印度'而勇往直前,为我们的期望继续努力。我们只有最后

---

[1] https://www.wittyfeed.com/

一次机会为印度追寻一个更好的未来，而你要与我们共同奋斗！"[1]

网站对于美国的痴迷没有改变，但如今标题党文章少了，更多的则是新闻（"特朗普总统 Twitter 上引发狂嘲""马克·扎克伯格公开了他隐秘的婚姻故事""道恩·强森宣布参加 2020 年总统竞选"）。主页上的部分版面被用来讨论美国民主未来面临的问题，内容包括伊万卡·特朗普的投资和俄罗斯干预美国大选。我还是能找到一些曾经最受欢迎的爆款内容，比如"15 个最搞笑的猫咪视频""22 个失败的结婚蛋糕"，小狗洗胶水澡的视频，以及一个妈妈把写给女儿的短信发给了陌生人后的慌张视频，等等。从这一点来看，我猜一定还有很多美国读者喜欢这些爆款帖。不过，这些哈里亚纳邦男孩们现在觉得占领美国市场的可能性不大了。帕尔文·辛格尔说，他们在洛杉矶建办公室的计划要暂时搁置了。结果他们在印多尔的办公室又招了 20 个人。同样搁置的还有维内·辛格尔的火星梦想。不过我相信，他每周还是会激励面前上百个充满好奇的年轻人要敢于追求他们最疯狂的梦想。

那其他人的梦想都实现了吗？

穆因·汗会成为世界著名的励志演说家吗？我不知道。那么

---

[1] https://www.wittyfeed.com/story/35683/2/an-open-letter-to-honourable-prime-minister-narendra-modi

他会主导兰契的英语口语市场吗？会的。潘卡·普拉萨德会继续扩张他的"客户"群，加高他的房子，继续买标志性的东西来彰显他不断提升的社会地位，办最奢华的宴席吗？很可能会。我不太相信阿扎尔·汗会成为宝莱坞巨星，也不太相信维卡斯·塔库尔能够竞选成功。但是我坚信他们会一直为了金钱、权力和名望而不断努力。他们没法继续向上发展了，又无路可退，所以他们就一直夹在现实和梦想之间。这就好像一个人在没有回程计划的情况下飞向外太空：不管你最终走到哪儿，太阳依旧耀眼，星辰触手可及。

致　谢

感谢我的编辑梅鲁·戈卡莱（Meru Gokhale）、玛纳斯·苏布拉马尼亚姆（Manasi Subramaniam）、迈克尔·德怀尔（Michael Dwyer）对本书的指导。感谢印度企鹅兰登书屋和赫斯特出版社其他同事的辛勤工作和耐心。

感谢奇琪·萨卡尔（Chiki Sarkar）让我去了解印度的小镇青年都在想什么。

感谢听我讲述或亲自读过这些故事的朋友们：索娜尔·沙阿（Sonal Shah），什万姆·维杰（Shivam Vij）、迪克沙·马多克（Diksha Madhok）、塔兰·汗（Taran Khan）、特普堤·拉希里（Tripti Lahiri）、阿贾伊·克里希南（Ajay Krishnan）、苏普里亚·奈尔（Supriya Nair）、尼基尔·库马尔（Nikhil Kumar）、阿米娅·戈帕拉克里希南（Amulya Gopalakrishnan）、瓦伦·拉纳（Varun Rana）和亚历克斯·特劳布（Alex Traub）。

感谢我的家人对我无条件的爱：韦德·普拉卡什·纳拉扬·辛格（Ved Prakash Narayan Singh）、莫妮莎·夏尔马（Moneesha sharma）、施薇塔·韦德（Shweta Ved）、斯瓦蒂·韦德（Swati Ved）、莎拉·韦德（Sarah Ved）、阿比曼纽·库马尔（Abhimanyu Kumar）、高塔姆·卡迪安（Cautam Kadian）、阿莱塔·安德烈（Aletta Andre）和米兰·安德烈·辛格（Milan Andre Singh）。

感谢阿尔希·萨塔尔（Arshia Sattar）和普什佩什·潘特（Pushpesh Pant）允许我进入桑伽姆写作之屋（Sangam House）和贾扬提宿舍（Jayanti Residency，为桑伽姆写作者提供住宿）。

感谢博比·高希（Bobby Gohsh）给我提供了《印度斯坦时报》（Hindustan Times）的工作，以及足够的空间探索本书收录的部分主题。

感谢萨曼萨·班塞尔（Samarth Bansal）和我一起采写了一个故事。

感谢本书中的每一位，允许我进入他们的生活。

感谢米希尔·斯瓦鲁普·夏尔马（Mihir Swarup Sharma），感谢他所做的一切。

译名对照表

(依译名拼音排序)

阿卜杜勒·卡拉姆 Abdul kalam
阿布希·辛格 Abhishek Singh
阿尔琼·库马尔 Arjun Kumar
阿尔琼·蒙达 Arjun Munda
阿夫扎尔·古鲁 Afzal Guru
阿基莱什·亚达夫 Akhilesh Yadav
阿吉特·亚达夫 Ajit Yadav
阿克萨达姆神庙 Akshardham
阿拉哈巴德大学 Allahabad University
阿拉普尔 Allapur
阿米特·库马尔舞蹈团 Amit Kumar Dance Group
阿米特·沙阿 Amit Shah
阿米特·辛格尔 Amit Singhal
阿默德·库马尔·巴拉德瓦杰 Amod Kumar Bharadwaj
阿姆罗赫 Amroha
阿什顿·库彻 Ashton Kutcher
阿西娅·拜格 Asiya Baig
阿约提亚 Ayodhya
埃尔维德·凯杰利瓦尔 Arvind Kejriwal
埃隆·马斯克 Elon Musk
艾哈迈达巴德 Ahmedabad
安得拉邦 Andhra Pradesh
安德里 Andheri
安基特·慕克帕德亚 Ankit Mukopadhyay

安利 Amway
奥里萨邦 Odisha/Orissa

巴布里清真寺 Babri Masjid
巴拉本吉 Barabanki
拜库拉 Byculla
班达尔 Bandra
班加罗尔 Bangalore
班克路 Bank Road
班尼亚人 Banias
包里瓦利 Borivali
保罗·科埃略 Paulo Coelho
北方邦 Uttar Pradesh
贝多 Bedo
比尔·盖茨 Bill Gates
比哈尔邦 Bihar
表列部落 Scheduled Tribes
表列种姓 Scheduled Castes
布巴内什瓦尔 Bhubaneshwar
布尔尼亚 Purnia

查谟 Jammu
常合 Chanho

晨间礼拜 Puja
村委会 panchayat
C. L. 巴拉尼 C. L. Balani

达利特人 Dalits
达伦波里 Dharampuri
达希沙 Dahisar
大壶节 Kumbh Mela
大众社会党 Bahujan Samaj Party
道恩·强森 Dwayne Johnson
德拉敦 Dehradun
帝国教育委员会 Imperial Education Board
兜提 dhoti
杜尔迦普加节 Durga Puja
杜帕塔 Dupatta

《焚烧:第四季》 Jalwa: Season 4

甘查纹围巾 gamcha
戈勒克布尔 Corakhpur
公社制 Communalism
古吉拉特邦 Gujarat
古鲁葛拉姆 Gurugram

郭克雷 Gokhale
国际演讲会 Toastmasters International
国民志愿服务团 Rashtriya Swayamsevak Sangh

哈里亚纳邦 Haryana
海德拉巴大学 University of Hyderabad
和平部队 Shanti Sena
亨利·福特 Henry Ford

基尔蒂纳加尔 Kirti Nagar
吉姆·罗恩 Jim Rohn
加尔各答 Kolkata
《加勒比海盗》 *Pirates of the Caribbean*
贾斯汀·比伯 Justin Bieber
贾瓦哈拉尔·尼赫鲁 Jawaharlal Nehru
金·卡戴珊 Kim Kardashian
《绝命毒师》 *Breaking Bad*
君临城 King's Landing

咖啡日 Coffee Day
卡奥 Khal
卡尔纳尔 Karnal

卡兰 Karanj
卡丽熙 Khaleesi
卡纳塔克邦 Karnataka
卡雅斯塔人 Kayasths
开场人 opener
开斋节 Eid
开斋节前夜 Chaand Raat
凯蒂·派瑞 Katy Perry
凯莉·詹娜 Kylie Jenner
坎迪瓦利 Kandivali
坎哈伊亚·库马尔 Kanhaiya Kumar
坎普尔 Kanpur
克什米尔 Kashmir
客服专员 Customer Care Executive
孔达 Khunda
口语 Spoken
口语人 The Speaking People
库尔塔衫 Kurta-pyjamas

拉胡尔·甘地 Rahul Gandhi
拉吉尼坎特·帕特尔 Ratnikant Patel
拉贾斯坦邦 Rajasthan
拉金德拉大厦 Rajendra Place

拉凯什·夏尔马 Rakesh Sharma

拉拉容吉 Lalajungi

拉瓦尼亚·斯里瓦斯塔瓦 Lavanya Srivastav

辣妹 Spice Girl

赖伯雷利市 Rae Bareli

兰契 Ranchi

《兰契生活》 *Ranchi Lifestyle*

蓝维尔军 Ranvir Sena

老普路 Lalpur Road

勒克瑙 Lucknow

里提什·库马尔 Riteish Kumar

立法会议员 Member of the Legislative Assembly

临冬城 Winterfell

笼吉 Lungi

卢迪亚纳 Ludhiana

鲁德亚德·吉卜林 Rudyard Kipling

罗伯特·弗罗斯特 Robert Frost

罗摩神庙 Ram Mandir

罗摩万岁 Jai Shri Ram

罗塔克 Rohtak

罗希特·维穆拉 Rohith Vemula

《洛奇》 *Rocky*

马哈拉施特拉邦 Maharashtra

马赫萨纳 Mehsana

马亨德拉·辛格·多尼 Mahendra Singh Dhoni

马克·扎克伯格 Mark Zuckerberg

马拉地人 Maratha

马拉维亚 Malviya

玛拉西里 Marasili

玛丽莲·梦露 Marilyn Monroe

玛玛塔·班纳吉 Mamata Banerjee

玛雅瓦蒂 Mayawati

麦当娜 Madonna

麦考利勋爵 Lord Macaulay

美国国家税务局 Internal Revenue Service

美国学院 The American

米拉·库尼斯 Mila Kunis

米拉路 Mira Road

密拉特 Meerut

《牧羊少年奇幻之旅》 *The Alchemist*

穆罕默德·阿科拉克 Mohammad Ikhlaq

穆罕默德·阿扎尔 Mohammad Azhar

穆拉亚姆·辛格·亚达夫 Mulayam Singh

Yadav
穆因·汗 Moin Khan

纳伦德拉·莫迪 Narendra Modi
奈都夫人 Naidu
尼古拉斯·詹姆斯 Nicholas James
尼廷·梅赫拉 Nitin Mehra
《你能赢》You Can Win
牛民团 Gau rakshaks
诺伊达 Noida

帕尔 Pal
帕敏德·雅利安 Parminder Arya
帕特雷·贝克 Patras Bek
帕万·普贾里 Pawan Poojary
潘卡·普拉萨德 Pankaj Prasad
婆罗门 Brahmins
普惠金融账户 Jan Dhan
普拉迪普·萨鲁亚 Pradeep Saluja
普拉塔普大君 Maharana Pratap

其他落后阶级 Other Backward Class
奇坦·巴哈特 Chetan Bhagat

恰尔肯德邦 Jharkhand
乔格什瓦利 Jogeshwari
《乔希工厂》Josh Factory
乔治·武井 George Takei
钦德瓦拉 Chhindwara
《求爱双城记：我的婚姻故事》2 States: The Story of My Marriage
《权力的游戏》Game of Thrones
全印度学生会 Akhil Bharatiya Vidyarthi Parishad

瑞吉拉 Regella
R. J. 山奇 R. J. Shanky

萨德里语 Sadri
萨尔曼·汗 Salman Khan
萨哈兰普尔 Saharanpur
萨勒姆 Salem
萨努·库马尔 Sanu Kumar
萨钦·阿胡贾 Sachin Ahuja
赛琳娜·戈麦斯 Selena Gomez
赛峇峇 Sai Baba
桑迪普·拉纳 Sandeep Rana

桑吉特·索姆 Sangeet Som
桑托什·德夫·塔库尔 Santosh Dev Thakur
嫂子 bhabhi
沙赫纳瓦兹·乔杜里 Shahnawaz Choudhary
沙·辛格 Richa Singh
山·高希 Shan Ghosh
社会党 Samajwadi Party
舍瓦尼 Sherwani
施拉达·巴斯卡 Shraddha Bhaskar
施瓦姆·阿加沃尔 Shivam Aggarwal
史蒂夫·乔布斯 Steve Jobs
世界印度教徒联合会 Vishwa Hindu Parishad
收场人 closer
疏通者 fixer
数字身份证 Aadhaar
斯瓦米·维韦卡南达 Swami Vivekananda
苏克·德维 Suko Devi
苏尼尔·库马尔 Sunil Kumar
索娜·卡普尔 Sona Kapoor
塔布里兹·汗 Tabrez Khan
塔库尔人 Thakurs

泰勒·斯威夫特 Taylor Swift
泰米尔纳德邦 Tamil Nadu
唐纳德·特朗普 Donald Trump
提拉克 Tilak
提亲 rishtas
托尼·罗宾斯 Tony Robbins

V. S. 奈保尔 V. S. Naipaul

瓦塞 Vasai
维多利亚·贝克汉姆 Victoria Beckham
维卡斯·塔库尔 Vikas Thakur
维卡斯·坦沃尔 Vikas Tanwar
维克拉姆·P. 兰巴 Vikram P. Lamba
维拉尔 Virar
维内·辛格尔 Vinay Singhal
维诺德·苏里亚旺希 Vinod Suryavanshi
《我偶尔陷入爱河》 *Pyaar Mein Kabbi Kabbi Aisa Ho Jaata Hai*
沃伦·巴菲特 Warren Buffett
乌纳 Una
乌塔姆纳加尔 Uttam Nagar

西蒙·考威尔 Simon Cowellesque
西孟加拉邦 West Bengal
希夫·凯拉 Shiv Khera
希瓦吉 Shivaji
新老虎军 New Tiger Army
《新闻浪潮》 Khabar Lahariya
信实通信 Reliance Communications
《星际迷航》 Star Trek

雅利安社 Arya Samaj
亚伯拉罕·林肯 Abraham Lincoln
伊万卡·特朗普 Ivanka Trump
印度国民大会党 Indian National Congress Party
印度国民学生联盟 National Students' Union of India
印度青年民兵团 Bajrang Dal

印度人民党 Bharatiya Janata Party
印度人民解放阵线 People's Liberation Front of India
印度学生联合会 Students' Federation of India
印多尔 Indore
英语口语美国学院 American Academy of Spoken English
约根德拉·雅利安 Yogendra Arya
约吉·阿迪亚纳斯 Yogi Adityanath
《越狱》 Prison Break
业务外包公司 Business Process Outsourcing

旃陀罗笈多·孔雀 Chandragupta Maurya
中央邦 Madhya Pradesh
自然创意英语梦 Natural Creative English Vision
《做大哥》 Being Bhaijaan

文景

社科新知　文艺新潮

Horizon

印度青年狂想曲

[印度]司妮达·普拉姆　著
于果果　译

出 品 人：姚映然
策划编辑：朱悠然
责任编辑：周官雨希
营销编辑：胡珍珍
装帧设计：安克晨

出　　品：北京世纪文景文化传播有限责任公司
　　　　　（北京朝阳区东土城路8号林达大厦A座4A　100013）
出版发行：上海人民出版社
印　　刷：山东临沂新华印刷物流集团有限责任公司
制　　版：北京楠竹文化发展有限公司

开本：890mm×1240mm　1/32
印张：10.25　字数：152,000　插页：2
2021年9月第1版　2021年9月第1次印刷
定价：59.00元
ISBN：978-7-208-17008-7/C·632

图书在版编目（CIP）数据

印度青年狂想曲/（印）司妮达·普拉姆
（Snigdha Poonam）著；于果果译. --上海：上海人民
出版社，2021
书名原文：Dreamers: How Young Indians Are Changing the World
ISBN 978-7-208-17008-7

Ⅰ.①印… Ⅱ.①司… ②于… Ⅲ.①青年-生活状况-研究-印度 Ⅳ.①D433.517

中国版本图书馆CIP数据核字（2021）第047780号

本书如有印装错误，请致电本社更换　010-52187586

DREAMERS

Copyright © 2018, Snigdha Poonam

Chinese simplified translation copyright © 2021 by Horizon Media Co., Ltd.,

A division of Shanghai Century Publishing Co., Ltd

through the Wylie Agency (UK) Ltd.

ALL RIGHTS RESERVED